Annabel Karmel
Petits plats pour petits doigts

Annabel Karmel
Petits plats
pour petits doigts

100 recettes rapides et faciles pour
des enfants en santé et heureux

Traduit de l'anglais par Élisa-Line Montigny

Guy Saint-Jean
ÉDITEUR

Pour mes enfants Nicolas, Lara et Scarlett,
et Oscar, mon chiot, qui adore les restes !

Catalogage avant publication de Bibliothèque et Archives
nationales du Québec et Bibliothèque et Archives Canada
Karmel, Annabel
    Petits plats pour petits doigts
    Traduction de: Top 100 finger foods.
    Comprend un index.
    ISBN 978-2-89455-367-1
    1. Cuisine (Aliments pour nourrissons). 2. Nourrissons -
    Alimentation. I. Titre.
    RJ216.K3714 2011   641.5'6222   C2010-941849-2

Nous reconnaissons l'aide financière du gouvernement du Canada
par l'entremise du Programme d'Aide au Développement de
l'Industrie de l'Édition (PADIÉ) ainsi que celle de la SODEC pour nos
activités d'édition.

 Patrimoine   Canadian   Canadä   Société de développement des entreprises culturelles   Québec
canadien   Heritage

Gouvernement du Québec – Programme de crédit d'impôt pour
l'édition de livres – Gestion SODEC

Publié originalement en 2009 en Grande-Bretagne par Ebury Press
(une marque de Ebury Publishing), Random House.

Cette édition française produite avec l'accord de Eddison Sadd
Editions, St Chad's House, 148 King's Cross Road, London WC1X 9DH.
© pour le texte Annabel Karmel 2009
© pour les photos Dave King 2009

Prépresse: Altaimage, Londres
Conception et illustrations: Smith & Gilmour Ltd, London
Photographie: Dave King
Stylisme: Seiko Hatfield
Accessoires: Jo Harris
Révision: Helen Armitage
© pour l'édition en langue française Guy Saint-Jean Éditeur inc., 2010
Traduction: Élisa-Line Montigny
Révision: Jeanne Lacroix
Infographie: Olivier Lasser et Amélie Barrette

Dépôt légal Bibliothèque et Archives nationales du Québec et
Bibliothèque et Archives Canada, 2010.
ISBN 978-2-89455-367-1

Distribution et diffusion
Amérique: Prologue
France: Dilisco S. A.
Belgique: La Caravelle S.A.
Suisse: Transat S.A.

Guy Saint -Jean Éditeur inc., 3440, boul. Industriel, Laval (Québec) Canada, H7L 4R9 . 450 663-1777.
Courriel: info@saint-jeanediteur.com – Web: www.saint-jeanediteur.com

Imprimé en Chine

Veuillez noter que la farine tout-usage, le beurre non-salé, le lait entier et les œufs de grosseur moyenne
sont utilisés pour les recettes à moins d'une indication spécifique.

Table des matières

Introduction

Les premiers croque-en-doigts de bébé

Jusqu'à maintenant, c'est vous qui nourrissiez votre bébé. Or, à 8 ou 9 mois, votre tout-petit voudra s'en charger lui-même. Les bébés veulent souvent manger tous seuls avant même d'avoir la coordination requise pour utiliser une cuiller. À cet âge-là, les enfants aiment jouer avec leurs aliments; vous devrez vous armer de patience pendant un petit moment. Votre enfant voudra toucher, tenir, laisser tomber et, à l'occasion, lancer ses aliments.

Les aliments à manger avec les doigts joueront un rôle de premier plan dans l'alimentation de votre bébé. Plus vous le laisserez faire, plus vite il apprendra à manger par lui-même. Ne vous inquiétez pas s'il est couvert de nourriture de la tête aux pieds à la fin de son repas. À cette étape-ci de sa jeune vie, il ne fait que s'exercer. Continuez tout de même à lui offrir des croque-en-doigts et des aliments de texture plus solide qui l'aideront à parfaire sa technique de mastication, ce qui favorise le développement du langage et renforce les muscles de la mâchoire. Bien des bébés refusent les aliments grumeleux servis à la cuiller ou à la fourchette, mais mangeront volontiers des croque-en-doigts.

Les premiers croque-en-doigts

Au début, il faut choisir des aliments tendres (un bébé qui croque dans une carotte crue, par exemple, risque de s'étouffer). Comme:

- Légumes cuits à la vapeur, tels des bâtonnets de carotte ou de patate douce, de petits bouquets de brocoli ou de chou-fleur
- Fruits mûrs: banane, pêche, melon, mangue
- Languettes de rôtie ou bâtonnets de sandwich au fromage grillé
- Pâtes cuites avec une toute petite quantité de sauce ou un peu de beurre et du fromage râpé

Pour les bébés plus âgés

Pour plusieurs des suggestions suivantes, les recettes se trouvent dans cet ouvrage. Vous n'avez qu'à choisir.

- Bâtonnets de fromage
- Légumes crus, tels bâtonnets de carotte, de concombre
- Tranches de pomme, fraises, bleuets (myrtilles), moitiés de raisins pelés
- Fruits séchés tels abricots, pomme, raisin – choisissez-les tendres, prêts à manger
- Céréales de petit déjeuner enrichies
- Galettes de riz
- Mini-boulettes de viande ou hamburgers
- Morceaux de poulet ou de poisson, enrobés ou non de chapelure
- Tranches très minces de viande cuite, roulées.

- Pain pita, naan, bagel
- Mini-sandwichs: bananes pilées, fromage à la crème, beurre d'arachide (pourvu qu'il n'y ait pas d'allergie atopique dans votre famille, comme le rhume des foins, l'asthme ou l'eczéma, le beurre d'arachide peut convenir à compter de 7 mois).

- Mini-pizzas maison
- Mini-muffins
- Mini-biscuits maison
- Mini-sucettes glacées aux fruits frais

Directives pour les premiers croque-en-doigts

1 Pelez les pommes et les poires au début, mais laissez la pelure – et les vitamines qui se trouvent en dessous – au fur et à mesure que votre bébé vieillit.

2 Il est préférable de donner à votre enfant un gros morceau de fruit ou de légume qu'il peut tenir plutôt que des petits morceaux.

3 Lorsque vous préparez des sandwichs pour les bambins, aplatissez les tranches de pain au rouleau à pâtisserie pour éviter que le pain soit trop épais.

4 Ne vous en faites pas trop avec les bactéries. Utiliser un linge antibactérien pour nettoyer la chaise haute, c'est bien, mais n'oubliez pas que bébé prend bien des choses par terre et les porte à sa bouche.

5 Les mains de bébé devraient toujours être lavées avant de manger.

6 Les diététistes pédiatres parlent souvent d'enfants qui ont peur des dégâts, ce qui semble être à la base des troubles alimentaires de bon nombre de tout-petits. Laissez votre enfant faire ses expériences; il fera des dégâts. Évitez de toujours lui essuyer le visage pendant qu'il mange.

7 Évitez d'acheter les abricots séchés traités au dioxyde de soufre pour en préserver la couleur: cette substance peut entraîner une crise d'asthme chez les bébés susceptibles.

8 Un grand tapis placé sous la chaise haute de bébé permettra de récolter les aliments en chute libre. Un excellent investissement.

Suffocation

Si votre bébé réussit à prendre une bouchée d'aliment, comme un morceau de carotte ou de pomme, il ne réussira peut-être pas à bien le mastiquer. Parfois, les enfants prennent des bouchées et les gardent dans leur bouche. Vérifiez toujours que votre enfant n'a pas fait de «réserve» lorsqu'il termine son repas.

Les aliments qui comportent un danger de suffocation:

- morceaux de légumes crus
- raisins – pelez-les et de coupez-les en deux ou en quartiers
- raisins secs – ils peuvent parfois rester coincés dans la gorge
- fruits avec noyau
- tomates cerises – coupez-les en quartiers
- morceaux de fromage ferme
- noix

Quoi faire si votre enfant s'étouffe:

- Vérifiez l'intérieur de sa bouche et retirez-en tout objet visible, mais veillez à ne pas pousser l'objet plus profondément dans la gorge. Couchez votre bébé sur votre avant-bras, le visage vers le bas et sa tête plus basse que sa poitrine. Donnez-lui cinq bonnes tapes dans le milieu du dos avec votre autre main.
- Si vous n'arrivez pas à déloger l'objet ainsi, tournez votre bébé sur le dos, posez deux doigts au centre de sa poitrine et pratiquez cinq poussées vigoureuses environ toutes les 3 secondes. Vérifiez l'intérieur de la bouche de votre bébé.
- Si l'objet y est encore coincé, composez immédiatement le numéro des services d'urgence.

La poussée des dents

Certains bébés naissent avec des dents, chez d'autres elles apparaissent entre 6 mois et 1 an. Tandis que certains bébés font leurs dents sans difficulté, d'autres passent un mauvais moment. Quelques signes: joues rouges, gencives enflées,

éruption cutanée autour de la bouche, fièvre légère, bébé mange et dort moins bien. En tant que parent, je crois qu'il est très important de faire confiance à votre intuition – vous savez mieux que quiconque lorsque votre bébé ne va pas bien. Certains experts croient que la percée des dents peut entraîner une faible fièvre ou de la diarrhée, d'autres croient que non. Or, tous s'entendent sur une chose: si vous vous souciez de votre bébé, consultez votre médecin ou votre aide médicale; ne concluez pas qu'il s'agit nécessairement de ses dents.

Quelques trucs pour soulager ses malaises:

☘ Pendant qu'il perce ses dents, votre bébé appréciera peut-être moins ses aliments. Offrez-lui des bâtonnets de concombre froid, congelez une banane ou préparez des sucettes glacées aux fruits. Les aliments froids soulagent les gencives douloureuses. Ou alors, congelez des débarbouillettes (carrés éponge) propres humides et offrez-les lui à mâchouiller.

☘ Offrez-lui des aliments en purée froids comme de la purée de pommes, du yogourt ou du fromage frais.

☘ Les anneaux de dentition remplis de gel et conservés au réfrigérateur soulagent aussi les gencives endolories.

☘ Frottez ses gencives de gel de dentition sans sucre ou donnez-lui un analgésique sans sucre s'il est un peu fiévreux.

☘ Les granules homéopathiques à croquer entre ses gencives peuvent aussi soulager la douleur.

☘ Cajolez-le ou allaitez-le – les bébés détendus et heureux souffrent moins.

☘ Distrayez-le avec un nouveau jouet ou avec une nouvelle activité. Ainsi, il aura moins tendance à se concentrer sur son inconfort.

☘ Appliquez de la vaseline sur le pourtour extérieur de sa bouche pour éviter qu'il ne devienne rouge et endolori par l'abondance de bave.

☘ Brossez les dents de bébé aussitôt qu'elles font leur apparition. Utilisez une brosse à dents pour bébés et une touche de dentifrice fluoré.

☘ Évitez les boissons sucrées. Ne lui donnez que du lait ou de l'eau en bouteille. Vous pouvez cependant lui donner du jus non sucré à l'heure des repas dans une tasse avec un bec. Limitez la consommation de jus au moment des repas lorsque la salive est abondante pour éliminer l'acide.

Bouchées bon matin

Un bon petit-déjeuner devrait être composé de protéines comme des œufs, du fromage ou du yogourt, de céréales ou de pain à grains entiers et de fruits frais. Votre perception du petit-déjeuner risque d'être différente de celle de votre enfant. Faites preuve de souplesse; mes enfants ont déjà mangé des choses étranges le matin. Si le temps manque pour un repas assis à table, donnez à votre enfant un muffin aux fruits santé et un lait fouetté qu'il peut apporter avec lui.

Crêpes légères
en bâtonnets

🍲 Préparation: 7 minutes
🕐 Temps de cuisson: 20 minutes
(en 5 lots)
🍥 Donne environ 24 petites
crêpes ou 8 grandes
(4 à 6 portions)
☺ Conviennent aux enfants
de moins d'un an

50 g (½ tasse) de farine
     auto-levante
1 c. à soupe de sucre semoule
¼ de c. à thé (à café) de
     bicarbonate de soude
Une pincée de sel (facultatif)
1 œuf
3 c. à soupe de lait
1 c. à soupe d'huile pour frire
4 c. à soupe de yogourt nature
     ou à la vanille
2 c. à thé (à café) de sirop d'érable

Les crêpes à l'américaine sont délicieuses le matin et font un bon dessert pour les enfants et les adultes. Servez-les avec des tranches de banane, des fraises ou des bleuets (myrtilles).

Dans un bol de taille moyenne, mélanger la farine, le sucre, le bicarbonate de soude et le sel (si utilisé). Dans un autre bol, battre l'œuf et le lait; ajouter les ingrédients secs et mélanger à peine. Laisser reposer pendant 5 minutes – la pâte épaissira un peu et quelques bulles se formeront à la surface. Entre-temps, faire chauffer à feu moyen une grande poêle à fond épais. En badigeonner le fond d'un peu d'huile et y déposer des cuillerées à thé (à café) de pâte (ou des cuillerées à soupe pour de plus grandes crêpes). Faire cuire pendant 1 ½ minute, jusqu'à ce que les crêpes soient dorées d'un côté et que des bulles apparaissent. Retourner et poursuivre la cuisson 1 à 2 minutes, jusqu'à ce que les crêpes soient cuites et dorées. Baisser le feu si nécessaire.

Transférer les crêpes dans une assiette et les réserver dans un four légèrement chaud. Graisser la poêle et faire cuire d'autres crêpes jusqu'à épuisement de la pâte. Diviser le yogourt entre quatre petits bols et y verser en filet une cuiller à thé (à café) de sirop d'érable. Servir avec les crêpes chaudes.

Se congèlent bien: laisser les crêpes refroidir et les emballer dans du papier aluminium. Les réchauffer directement du congélateur dans un four préchauffé à 200 °C/400 °F/gaz 6/ chaleur tournante 180 °C. Déposer sur une tôle à biscuits et faire chauffer pendant 5 à 6 minutes.

Burrito du petit-déjeuner

Un burrito est habituellement une crêpe de maïs farcie. Le nom est d'origine mexicaine, où le burrito était un repas à emporter populaire lorsque les gens se déplaçaient (burro signifie «âne» en espagnol). De nos jours, ils sont consommés partout en Amérique, surtout pour le petit-déjeuner. Pour une recette de salsa douce, voir Nachos (p. 27), ou utilisez votre salsa du commerce préférée.

Dans un petit bol, fouetter l'œuf et le lait (ou la crème); saler et poivrer au goût. Faire fondre le beurre dans une petite poêle et y ajouter le mélange à l'œuf. Faire cuire à feu doux en remuant, jusqu'à ce que l'œuf soit légèrement brouillé.

Faire chauffer la crêpe de maïs pendant 10 à 15 secondes au micro-ondes ou pendant 1 minute dans une poêle. Répartir à la cuiller l'œuf brouillé le long du centre de la crêpe (en évitant d'aller jusqu'aux bords); ajouter la salsa et le fromage. Plier le haut et le bas de la crêpe vers l'intérieur, et la rouler de gauche à droite, en veillant à bien contenir la garniture à l'œuf. Servir immédiatement.

Préparation: 5 minutes
Temps de cuisson: 5 minutes
Donne 1 portion
Ne peut être congelé ni réchauffé

1 œuf
1 c. à soupe de lait ou de crème
Une noisette de beurre
1 tortilla de farine de maïs
1 c. à table de salsa douce
    ou ½ tomate épépinée
    et coupée en dés
15 g (½ oz) de cheddar, râpé
Sel et poivre, au goût

Extras au choix
Variez la recette de base ci-dessus en ajoutant d'autres garnitures:

1 portion de bacon émietté
1 pomme de terre nouvelle cuite, en dés et dorée dans un peu d'huile
1 petite tranche de jambon en dés ou en petites lanières
1 c. à soupe de maïs en conserve, égoutté, ajouté à l'œuf pour le réchauffer
2 ou 3 champignons, tranchés mince et dorés dans un peu d'huile

Œufs à la coque et bâtonnets au prosciutto

🥘 Préparation: 5 minutes
🕐 Temps de cuisson: 4 minutes
🍪 Donne 1 portion
(facile à augmenter)

1 œuf
2 gressins
2 tranches de prosciutto ou de
   jambon de Parme

J'aime bien varier cette recette en ajoutant parfois des gressins enrobés de graines de sésame. Les bâtonnets au jambon peuvent aussi faire un bon repas pour la boîte à lunch, en quantité double. Ne servez pas, cependant, d'œuf légèrement cuit à des bébés de moins d'un an.

Porter à ébullition à feu vif une grande casserole d'eau. Baisser le feu et laisser l'eau mijoter. À l'aide d'une cuiller, glisser doucement l'œuf dans l'eau; faire cuire pendant 4 minutes (pour un jaune coulant et le blanc cuit).

Entre-temps, casser les gressins en deux et couper les tranches de prosciutto ou de jambon en deux sur la longueur. Enrouler l'une des demi-tranches de prosciutto autour d'une moitié de gressin, à partir du bout cassé, en tournant vers l'autre extrémité et en en faisant chevaucher les bords légèrement, de façon à ce que les deux tiers du gressin soient enrobés. Bien appuyer sur le prosciutto pour le sceller. Répéter le processus avec les autres bâtonnets.

Déposer l'œuf dans un coquetier et en couper le dessus. Tremper les bâtonnets dans le jaune d'œuf, et bon appétit!

Petits lapins au fromage

Une variante légèrement enrichie de fromage sur une rôtie. Il y a fort à parier que les enfants apprécieront cette version «lapine».

Préchauffer le gril à température maximale. Fendre le muffin et faire griller les deux moitiés sous le gril. Mettre le fromage, l'œuf, la crème ou le lait et la sauce Worcestershire dans un bol; piler le tout ensemble. Poivrer, au goût. Répartir le mélange au fromage sur le côté tranché des demi-muffins grillés, en veillant à bien couvrir la surface jusqu'aux bords. Faire cuire pendant 3 à 4 minutes à 7 à 8 cm (3 po) de la source de chaleur – ne pas les mettre trop près car le mélange d'œuf brunit très rapidement – jusqu'à ce que le fromage soit fondu, doré et bouillonnant.

Décorer les muffins cuits de pois pour les yeux et de lanières de carotte, de pois mange-tout pour les oreilles, d'une demi-olive pour le nez et de la ciboulette pour les moustaches. Servir immédiatement.

Préparation: 5 minutes
Temps de cuisson: 7 minutes
Donne 1 portion
Ne peuvent être congelés ni réchauffés

1 muffin anglais
45 g (1 1/2 oz) de cheddar râpé
1 jaune d'œuf
1 c. à thé (à café) de crème ou de lait
2 ou 3 gouttes de sauce Worcestershire (ou au goût)
Poivre, au goût
Fines tranches de carotte, 1 olive noire (dénoyautée et coupée en deux), pois mange-tout (facultatif) et quelques brins de ciboulette fraîche, pour garnir

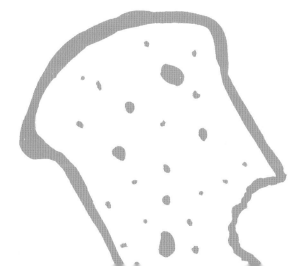

Bâtonnets de pain perdu

🍲 Préparation: 7 minutes
🕐 Temps de cuisson: 6 minutes
🍥 Donne 1 ou 2 portions, selon l'âge de l'enfant
☺ Conviennent aux enfants de moins d'un an
❄ Ne peuvent être congelés ni réchauffés

2 tranches de pain blanc
1 c. à soupe de confiture de fraises ou de framboises
1 c. à soupe de fromage à la crème tartinable faible en gras (facultatif)
1 œuf
1 c. à soupe de crème ou de lait
½ c. à thé (à café) de sucre semoule
2 gouttes de vanille
2 c. à thé (à café) de beurre, pour la cuisson

Je préfère utiliser du pain blanc, mais le pain complet convient également. Vous pouvez vous procurer de l'excellente confiture sans sucre.

Aplatir les tranches de pain au rouleau à pâtisserie; tartiner une tranche de confiture, l'autre de fromage à la crème (si utilisé) et mettre les deux tranches en sandwich. Retirer les croûtes à l'aide d'un couteau, si désiré. Battre l'œuf, la crème ou le lait, le sucre et la vanille dans un plat peu profond.

Faire fondre le beurre à feu moyen dans une poêle. Tremper le sandwich dans le mélange d'œuf; le retourner pour bien absorber l'œuf et le faire frire 2 à 3 minutes jusqu'à ce que le dessous soit doré. Retourner et laisser cuire 2 à 3 minutes de plus. Transférer dans une assiette et couper en bâtonnets avec un petit couteau dentelé.

Laisser les bâtonnets tiédir un peu et en vérifier la température avant de les servir; la confiture peut parfois devenir très chaude.

Mini-muffins banane et son

🍲 Préparation: 10 minutes
🕐 Temps de cuisson: 12 minutes
🍥 Donne 24 muffins
☺ Conviennent aux enfants de moins d'un an
❄ Ne doivent pas être réchauffés

50 g (2 oz) de flocons de son
75 ml (3 oz) de lait chaud
1 banane moyenne, pilée

Cette recette est une excellente façon d'utiliser les bananes très mûres. Ces muffins sont délicieux servis chauds pour le petit-déjeuner ou comme collation.

Préchauffer le four à 180 °C/350 °F/gaz 4/chaleur tournante 160°C. Tapisser deux moules à 12 mini-muffins de mini-caissettes en papier. Mélanger les flocons de son, le lait et la banane; laisser reposer pendant 5 minutes. Transférer ce mélange dans le robot culinaire avec le jaune d'œuf, l'huile, les raisins secs et la cassonade. Passer au robot pendant une minute. Ajouter la farine, le bicarbonate de soude, la poudre levante, le sel, la cannelle et le gingembre, et passer le tout en mode pulsation. Répartir le mélange dans les moules (environ une cuiller à soupe pour chaque mini-muffin). Faire cuire au four 12 à 14 minutes jusqu'à ce qu'ils soient bien montés et fermes au toucher. Retirer du four et laisser tiédir 5 minutes avant de transférer sur une grille pour laisser refroidir complètement.

Peuvent être congelés; les muffins sont meilleurs conservés au congélateur. Congeler dans un contenant ou sac hermétique allant au congélateur. Laisser décongeler à la température ambiante pendant 30 minutes.

1 jaune d'œuf
3 c. à soupe d'huile de tournesol
50 g (2 oz) de raisins secs
4 c. à soupe de cassonade
60 g (½ tasse) de farine complète
½ c. à thé (à café) de bicarbonate de soude
½ c. à thé (à café) de poudre levante
Une généreuse pincée de sel
½ c. à thé (à café) de cannelle moulue
¼ de c. à thé (à café) de gingembre moulu

Pain de poule avec bananes caramélisées

Mélanger la crème, le lait, les œufs et la vanille. Couper le pain en triangles ou en bâtonnets et les mettre dans un petit plat à fond plat. Verser le mélange à l'œuf sur le pain et le laisser tremper pendant 5 minutes, en le retournant après 2 ½ minutes.

Faire fondre la noisette de beurre dans une poêle. Y ajouter le pain et le faire frire à feu doux pendant environ 5 minutes de chaque côté, jusqu'à ce qu'il soit légèrement doré.

Faire frire les bananes. Faire fondre le beurre dans une petite poêle. Ajouter le sucre puis les bananes et laisser frire à feu doux jusqu'à ce qu'elles soient caramélisées. Laisser tiédir légèrement avant de servir car le sucre caramélisé peut devenir brûlant. Servir le pain accompagné des bananes et saupoudrer d'un peu de sucre.

Préparation: 12 minutes
Temps de cuisson: 10 minutes
Donne 2 portions
Convient aux enfants de moins d'un an
Ne peut être congelé ni réchauffé

3 c. à soupe de double-crème ou de crème à fouetter
3 c. à soupe (2 oz) de lait
2 œufs
2 ou 3 gouttes de vanille
1 tranche de pain blanc
Un peu de beurre, pour faire frire
Sucre semoule, pour saupoudrer
Pour les bananes caramélisées
2 c. à thé (à café) de beurre
1 c. à soupe de sucre semoule
2 bananes, pelées et coupées en tranches épaisses, en biseau

Plats végétariens délicieux

Les enfants ont besoin de consommer proportionnellement plus de gras que nous. Une alimentation végétarienne devrait inclure des aliments comme du fromage, des œufs, des avocats, des beurres de noix et des graines. Le manque de fer est la carence la plus courante chez les enfants végétariens. Servez des légumes-feuilles verts, du jaune d'œuf, des céréales de petit-déjeuner enrichies et des fruits séchés, surtout les abricots, tous riches en fer. Les aliments riches en vitamine C ou un verre de jus d'orange avec un repas favorisent l'absorption du fer.

Muffins à la carotte et au fromage

Voici une bonne façon de glisser quelques légumes de plus dans le menu de votre enfant pour l'aider à manger ses 5 portions de légumes par jour.

Préchauffer le four à 180 °C/350 °F/gaz 4/ chaleur tournante 160 °C. Tapisser des moules à mini-muffins de 18 mini-caissettes en papier.

Dans un bol, mélanger la farine, le bicarbonate de soude, le sel, le paprika et les fromages. Battre ensemble le lait, l'huile, le yogourt, le sirop d'érable et l'œuf. Incorporer les ingrédients secs, suivis de la carotte et de la ciboulette. Déposer des cuillers à thé (à café) combles de la pâte dans les moules à muffins préparés (remplir les caissettes presque jusqu'au bord). Saupoudrer le dessus du reste de parmesan et faire cuire pendant 14 à 16 minutes pour les mini-muffins, et 25 à 30 minutes pour les gros, jusqu'à ce qu'ils aient monté et soient dorés.

Retirer du four et laisser tiédir pendant 5 minutes avant de transférer sur une grille pour laisser refroidir complètement.

⏱ Préparation: 15 minutes
🕐 Temps de cuisson: 16 minutes
🍥 Donne 18 mini-muffins ou 6 gros
❄ Les muffins peuvent être congelés dans une boîte ou un sac hermétique allant au congélateur. Laisser décongeler à la température ambiante pendant 30 à 45 minutes. Ne doivent pas être réchauffés

85 g (7/8 de tasse) de farine auto-levante
1/4 de c. à thé (à café) de bicarbonate de soude
Une pincée de sel
Une pincée de paprika
30 g (1 oz) de cheddar râpé
30 g (1 oz) de parmesan râpé, et 2 c. à table de plus pour garnir
2 c. à soupe de lait
2 c. à soupe d'huile de tournesol
4 c. à soupe de yogourt nature
1 c. à soupe de sirop d'érable
1 œuf
1 carotte moyenne pelée et râpée
1 c. à thé (à café) de ciboulette ciselée (facultatif)

Muffins au fromage et au maïs

Les muffins salés sont agréablement différents. J'aime bien servir ceux-ci comme collation, pour le petit-déjeuner, ou, dans le cas d'enfants plus vieux, comme accompagnement à leur soupe le midi.

Préchauffer le four à 180 °C/350 °F/gaz 4/chaleur tournante 160 °C. Tapisser deux moules à 12 mini-muffins de 24 mini-caissettes en papier. Mettre le maïs et les oignons verts dans le robot culinaire et les hacher. Ajouter le yogourt, le beurre, le miel et l'œuf, et repasser au robot. Tamiser la farine, le bicarbonate de soude, la poudre levante, le sel et le paprika. Ajouter au mélange au yogourt avec le fromage râpé; mettre en mode pulsation deux ou trois fois.

   Répartir le mélange dans les moules (environ ¾ de c. à soupe par muffin). Faire cuire au four pendant 12 à 14 minutes jusqu'à ce qu'ils soient bien montés et fermes au toucher. Laisser tiédir dans les moules pendant quelques minutes avant de les transférer sur une grille pour les laisser refroidir complètement.

Préparation: 10 minutes
Temps de cuisson: 14 minutes
Donne 24 muffins
❄ Les muffins cuits peuvent être congelés dans une boîte ou un sac refermable allant au congélateur. Laisser décongeler à la température ambiante pendant 30 à 45 minutes. Ne doivent pas être réchauffés

85 g (3 oz) de maïs en conserve, égoutté
3 oignons verts tranchés grossièrement
4 c. à soupe de yogourt grec
2 c. à soupe de beurre fondu et tiédi
1 c. à soupe de miel clair ou de sirop d'érable
1 œuf
85 g (7/8 de tasse) de farine*
½ c. à thé (à café) de bicarbonate de soude
½ c. à thé (à café) de poudre levante
¼ de c. à thé (à café) de sel
⅛ de c. à thé (à café) de paprika
50 g (2 oz) de cheddar vieilli râpé
* Vous pouvez également utiliser 50 g (3/8 de tasse) de farine et 35 g (¼ de tasse) de farine de maïs.

Bouchées ou hamburgers végétariens

🍲 Préparation: 20 minutes
🕐 Temps de cuisson: 12 minutes
🍽 16 bouchées ou 8 hamburgers
☺ Conviennent aux enfants
de moins d'un an
❄ Congeler les galettes crues sur des
tôles à biscuits tapissées de papier
parchemin, puis les transférer dans
des sacs hermétiques. Faire cuire
directement du congélateur; ajouter
1 minute de cuisson (bouchées) et
2 minutes (hamburgers).

2 c. à soupe d'huile d'olive
1 échalote moyenne en dés
½ branche de céleri en dés
1 grosse carotte pelée et râpée
½ petit poireau tranché
3 champignons café en dés
1 gousse d'ail broyée
1 c. à soupe de sauce soja foncée
2 c. à thé (à café) de cassonade
4 c. à soupe de parmesan frais, râpé
40 g (1 ½ oz) de chapelure fraîche
½ c. à soupe de mayonnaise
15 g (½ oz) de cheddar, râpé
5 c. à soupe de chapelure sèche
2 c. à soupe de farine
1 œuf
2 à 3 c. à soupe d'huile de tournesol,
    pour frire
Sel et poivre, au goût
Pains hamburgers, laitue, tomate,
    mayonnaise, pour servir (pour les
    hamburgers)

Ces délices végétariens sont une excellente façon d'encourager vos enfants à manger plus de légumes... invisibles!

Chauffer l'huile d'olive dans une grande poêle antiadhésive et faire attendrir les légumes 10 minutes. Ajouter l'ail et cuire une minute. Ajouter la sauce soja et le sucre; laisser cuire une minute de plus. Laisser tiédir dans une assiette.

Hacher les légumes tièdes au robot (en grattant souvent la paroi intérieure), ou à l'aide d'un grand couteau. Les transférer dans un bol et y incorporer en mélangeant deux cuillers à soupe de parmesan, la chapelure fraîche, la mayonnaise et le cheddar; poivrer au goût (la sauce soja salera le mélange). Façonner des bouchées d'une cuiller à thé (à café) ou des hamburgers avec une cuiller à soupe du mélange.

Si le temps le permet, déposer dans une assiette et réfrigérer 1 heure ou toute la nuit. Ils peuvent cependant être enrobés de chapelure et cuits sans l'étape de réfrigération.

Mélanger la chapelure sèche et le reste du parmesan dans une grande assiette; saler et poivrer, au goût. Mettre la farine dans une assiette; saler et poivrer. Battre l'œuf dans un petit bol.

Enrober les bouchées ou les hamburgers de farine, les tremper dans le mélange à l'œuf et les enrober de chapelure sèche. Faire chauffer l'huile de tournesol dans une grande poêle antiadhésive et faire dorer les galettes 1 minute. Égoutter sur du papier absorbant. Servir chaud et avec les pains pour les hamburgers, garnis de laitue, de tomate et de mayonnaise.

Nachos

Je dois préparer des nachos en portions individuelles: mes enfants se disputent toujours à propos de qui en mange le plus, et c'est la seule façon de m'assurer que tout le monde en a autant! Vous pouvez également empiler les croustilles de maïs au centre du papier aluminium, les garnir de salsa et de fromage, passer le tout sous le gril et laisser les convives se servir. Vous pouvez facilement doubler (ou tripler) la quantité et utiliser votre salsa du commerce préférée.

Préparer la salsa en mélangeant, dans un petit bol, tous les ingrédients; saler et poivrer. Couvrir et réfrigérer jusqu'au moment requis. Se garde jusqu'à 2 jours au réfrigérateur.

  Pour préparer les nachos, préchauffer le gril au maximum et tapisser une plaque à cuisson de papier aluminium. Mettre les croustilles de maïs sur le papier aluminium et garnir chacune d'une cuiller à thé (à café) de salsa et d'un peu de fromage. Passer sous le gril pendant 1 à 2 minutes, jusqu'à ce que le fromage ait fondu. Surveiller les croustilles au four; le pourtour brûle facilement.

  Transférer dans deux assiettes et garnir d'un peu de crème sure (aigre), si utilisée. Servir immédiatement, accompagné de salsa.

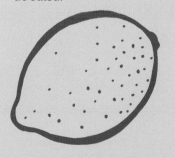

Préparation: 10 minutes

Temps de cuisson: 2 minutes

Donne 2 portions

Ne peuvent être congelés ni réchauffés

Pour la salsa douce

1 grosse tomate pelée, épépinée et en dés

1 oignon vert tranché

2 c. à thé (à café) de coriandre hachée (ou au goût)

1 c. à thé (à café) de jus de lime frais

Sel et poivre, au goût

Pour les nachos

12 croustilles de maïs nature

30 g (1 oz) de cheddar râpé

1 c. à soupe de crème sure (aigre) (facultatif)

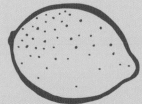

Pizza Margherita sur tortilla

🍲 Préparation: 5 minutes
🕐 Temps de cuisson: 9 minutes
🍥 Donne 1 portion
❄ Ne peut être congelée ni réchauffée

1 tortilla au blé
2 1/2 c. à soupe de sauce tomate
30 g (1 oz) de cheddar, ou de mozzarella, râpé

Choix de garnitures (je conseille un maximum de 2 garnitures par pizza)
2 ou 3 olives noires dénoyautées en rondelles
1 tomate cerise en rondelles
2 cubes d'ananas en conserve
1 c. à soupe de poivron rouge en dés
1 c. à soupe de maïs en conserve égoutté
1 oignon vert tranché
2 champignons tranchés mince et dorés dans un peu d'huile
3 ou 4 tranches très minces de courgette badigeonnées d'un peu d'huile
1 c. à soupe de parmesan râpé
2 tomates séchées au soleil en petits morceaux

J'adore les pizzas très minces, et les tortillas de blé constituent une base «instantanée» qui devient délicieusement croustillante au four. Elles sont idéales aussi pour les enfants plus petits qui trouvent la base mince plus facile à manger. Parfois, les bulles d'air du pain le font gonfler un peu pendant la cuisson, mais aussitôt sorti du four, il dégonfle. Vous pouvez utiliser votre recette de sauce tomate préférée ou du commerce, ou essayer ma recette de Sauce tomate minute (voir p. 32).

Préchauffer le four à 200 °C/400 °F/gaz 6/chaleur tournante 180 °C.

Déposer la tortilla sur la tôle à biscuits et la tartiner de sauce tomate. Parsemer de fromage. Vous pouvez aussi y ajouter les garnitures préférées de votre enfant (suggestions à gauche). Faire cuire au four 8 à 9 minutes jusqu'à ce que le fromage soit fondu et que la base soit croustillante. Couper en triangles et laisser tiédir un peu avant de servir.

Boulettes de riz avec Sauce tomate minute

Pour cette recette, j'ai utilisé de la mozzarella ordinaire râpée car elle est un peu plus sèche que la mozzarella habituelle, ce qui rend le mélange un peu plus collant.

Faire fondre le beurre dans une grande poêle et faire revenir l'échalote 2 à 3 minutes. Ajouter l'ail et le riz; faire revenir 2 minutes de plus en remuant continuellement. Ajouter 400 ml (1 ¾ tasse) du bouillon et porter à ébullition; baisser le feu et laisser mijoter. Faire cuire le riz 20 à 25 minutes, jusqu'à ce qu'il soit tout juste tendre; le remuer aux 4 à 5 minutes en ajoutant un peu de bouillon s'il devient trop sec.

Retirer du feu et incorporer le fromage. Poivrer au goût (le sel n'est probablement pas nécessaire). Étaler le risotto dans une grande assiette et le laisser tiédir; couvrir et réfrigérer aussitôt que possible.

Façonner des boules d'une c. à thé (à café) légèrement combles de risotto froid. Saler et poivrer la chapelure, et ajouter un peu de paprika (si utilisé). Mettre la farine dans une assiette et l'œuf battu dans un petit bol. Fariner les boulettes de risotto, les tremper dans l'œuf et les enrober de chapelure. Déposer sur une tôle à biscuits tapissée d'une pellicule plastique.

Faire chauffer 1 cm (½ po) d'huile dans une grande poêle à feu moyen. Lorsqu'elle est tout juste chaude, y faire frire les boulettes 6 à 8 minutes en les tournant souvent. Les égoutter dans une assiette tapissée de papier absorbant. Servir accompagnées de sauce tomate (voir p. 32 et 33) comme trempette.

⌚ Préparation: 15 minutes, et le temps pour tiédir et refroidir

🕐 Temps de cuisson: 25 minutes pour le riz, et 16 minutes pour la friture

🍽 Donne environ 28 boulettes ou 7 à 9 portions (se divise facilement en deux)

❄ Se congèlent bien: tapisser une tôle à biscuits d'une pellicule plastique et congeler les boulettes jusqu'à ce qu'elles soient fermes; les mettre dans un sac refermable. Les faire cuire directement sorties du congélateur à feu moyen-doux en ajoutant 10 à 12 minutes au temps de cuisson. Vérifier que les centres sont bien chauds et laisser tiédir un peu avant de servir.

2 c. à thé (à café) de beurre
1 petite échalote hachée finement
1/2 petite gousse d'ail broyée
110 g (1/2 tasse) de riz pour risotto
500 ml (2 tasses) de bouillon de
    légumes ou de poulet chaud
30 g (1 oz) de mozzarella râpée
30 g (1 oz) de cheddar vieilli râpé
3 c. à soupe de parmesan râpé
50 g (2 oz) de chapelure séchée
Une pincée de paprika (facultatif)
2 c. à soupe de farine
1 œuf, battu
Huile de tournesol, pour faire frire
Sel et poivre, au goût

Sauce tomate minute

Préparation: 5 minutes
Temps de cuisson: 22 minutes
Donne 3 ou 4 portions

1 c. à soupe d'huile d'olive
1 échalote en dés
1 gousse d'ail broyée
400 g (14 oz) de tomates hachées
   en conserve
1 c. à thé (à café) de cassonade
1 c. à soupe de ketchup
Sel et poivre, au goût

Utilisez la moitié de la recette pour accompagner les Boulettes de riz (voir p. 31); le reste se congèle bien et peut servir à napper des pâtes ou garnir des pizzas.

Faire chauffer l'huile dans une grande poêle et faire revenir l'échalote pendant 2 minutes, en remuant constamment. Ajouter le reste des ingrédients et porter à ébullition, en écrasant les tomates à l'aide du dos d'une cuiller de bois. Faire bouillir pendant 15 minutes, en remuant souvent, jusqu'à ce que la sauce ait épaissi. Saler et poivrer, au goût.

Trempette à l'ail et aux herbes

Préparation: 5 minutes
Donne 3 ou 4 portions
Ne peut être congelée ni réchauffée

3 c. à soupe de mayonnaise
1 c. à soupe de yogourt grec
1 c. à thé (à café) de lait
1/4 de c. à thé (à café) d'ail broyé
1/4 de c. à thé (à café) de jus de
   citron frais
1 c. à thé (à café) de persil haché
   (ou de la coriandre ou de
   l'aneth)

Les enfants aiment souvent l'ail plus qu'on ne le croit et cette trempette accompagne délicieusement bien une foule d'aliments: gressins, bâtonnets de carotte et de concombre, ailes de poulet (voir p. 95), pépites de poisson ou de poulet (voir pp. 58 et 77), bâtonnets de pain pita.

   Mélanger simplement tous les ingrédients avec une pincée de sel. La trempette se conserve dans un contenant hermétique jusqu'à 3 jours.

Sauce aux tomates cerises

Cette sauce fait une excellente trempette pour d'autres plats végétariens, comme les Mini-boulettes de légumes (p. 53), Brochettes de légumes grillés (p. 36), Boulettes de riz (p. 31), Bouchées ou hamburgers végétariens (p. 24), Bâtonnets de mozzarella cuits au four (p. 45), ou, pour les non- végétariens, pour les Croquettes de poulet croustillantes (p. 77), ou Rissoles au poulet (p. 80).

Préchauffer le four à 180 °C/350 °F/gaz 4/chaleur tournante 160 °C.

Couper les tomates cerises en deux et les poser dans une petite rôtissoire.

Les parsemer de feuilles de thym et les arroser d'une cuiller à soupe d'huile d'olive. Mettre l'ail au centre et faire rôtir pendant 20 minutes.

Entre-temps, dans une poêle, faire revenir l'échalote 5 minutes dans le reste de l'huile. Ajouter les tomates, les deux purées de tomates et le sucre; laisser mijoter 10 minutes. Ajouter les tomates cerises rôties et faire cuire 30 minutes de plus. Passer au robot ou au mélangeur. Pour une sauce très lisse, passer la sauce à travers un tamis.

⏲ Préparation: 10 minutes
🕐 Temps de cuisson: 50 minutes
🍽 Donne 4 portions
❄ Peut être congelée et réchauffée. Laisser tiédir, et congeler dans un contenant hermétique. Faire décongeler à la température ambiante pendant 2 à 3 heures ou au micro-ondes pendant 2 à 3 minutes. Peut être réchauffée dans une casserole à feu doux pendant 5 minutes, ou pendant environ 2 minutes au micro-ondes, jusqu'à ce qu'elle soit brûlante.

300 g (11 oz) de tomates cerises italiennes
¼ de c. à thé (à café) de feuilles de thym frais
2 c. à soupe d'huile d'olive
1 gousse d'ail coupée en deux
1 grosse échalote en dés
400 g (14 oz) de tomates hachées en conserve
2 c. à soupe de purée de tomates
1 c. à soupe de purée de tomates séchées au soleil
1 c. à thé (à café) de sucre

Pizzettes parmentières

🍲 Préparation: 5 minutes
🕐 Temps de cuisson: 25 minutes
🍥 Donne 2 portions (quantité facile à doubler)
❄ Ne peuvent être congelées ni réchauffées

1 grosse pomme de terre cireuse, non pelée et bien lavée
1 c. à soupe d'huile d'olive
3 c. à table de sauce tomate (voir Sauce tomate minute, p. 32)
50 g (2 oz) de cheddar ou de mozzarella râpé
Sel et poivre pour assaisonner

Des tranches de pomme de terre croustillantes font une base intéressante pour de minuscules pizzas, ou pizzettes.

Préchauffer le four à 200 °C/400 °F/gaz 6/chaleur tournante 180 °C.

Couper huit grandes tranches de pomme de terre en travers à partir du centre, chacune épaisse d'environ 2 mm (1/12 de po). Les extrémités plus étroites de la pomme de terre ne seront pas utiles dans cette recette, mais se conserveront au réfrigérateur jusqu'à 2 jours, couvertes d'eau froide, et pourront servir pour faire une purée ou des pommes de terre bouillies.

Badigeonner chacune des tranches d'huile, les saler et poivrer légèrement. Mettre sur une tôle tapissée de papier parchemin antiadhésif et faire cuire environ 10 minutes. Tourner les tranches et les faire cuire 8 à 10 minutes de plus, jusqu'à ce qu'elles soient dorées et croustillantes. Surveiller attentivement les 2 à 3 dernières minutes.

Garnir chaque tranche de pomme de terre d'environ 1 c. à thé (à café) de sauce tomate et de fromage. Faire cuire 5 à 7 minutes de plus, ou passer sous le gril 2 à 3 minutes, jusqu'à ce que le fromage soit fondu. Laisser tiédir avant de servir.

Brochettes de légumes grillés

🍲 Préparation: 8 minutes
🕐 Temps de cuisson: 10 minutes
🍥 Donne 4 brochettes ou
2 à 4 portions
☺ Conviennent aux enfants de
moins d'un an
❄ Ne peuvent être congelées ni
réchauffées, mais peuvent être
consommées froides.

1/4 d'un gros poivron rouge
1/4 d'un gros poivron orange
1/2 courgette verte moyenne
1/2 courgette jaune moyenne
(ou verte, à défaut de jaune)

Pour la marinade
2 c. à soupe d'huile d'olive
2 c. à thé (à café) de vinaigre
balsamique
1 c. à thé (à café) de sucre
Sel et poivre pour assaisonner
Quatre brochettes de bois, ayant
trempé dans de l'eau tiède
pendant au moins 20 minutes

Ces légumes sont succulents servis chauds et les restes le sont aussi comme ajouts aux sauces tomate ou à des salades (voir Salade de pâtes méli-mélo, p. 117).

Couper la calotte des poivrons, en retirer les graines et les membranes blanches. Trancher en rondelles. Couper quatre rondelles d'environ 1 cm (1/4 de po) d'épaisseur dans chaque courgette et couper chacune en deux pour obtenir huit demi-cercles.
Fouetter les ingrédients de la marinade dans un bol de taille moyenne. Saler et poivrer, et ajouter les légumes et bien les enrober. Laisser mariner au moins 2 heures ou toute la nuit, en remuant de temps à autre.

Préchauffer le gril au maximum et tapisser une plaque de papier aluminium. Embrocher les légumes, les mettre sur le papier aluminium et les badigeonner d'un peu de la marinade qui reste. Faire griller 4 à 5 minutes, jusqu'à ce qu'ils deviennent tendres sur leur pourtour – attention, ils peuvent brunir très vite.

Tourner les brochettes et les badigeonner de marinade. Faire griller 4 à 5 minutes de plus, jusqu'à ce que les légumes soient cuits. Surveiller attentivement et baisser la grille si les légumes brunissent trop vite. Les brochettes peuvent aussi être cuites au barbecue au-dessus de charbons moyennement chauds. Laisser tiédir légèrement avant de servir. Les restes peuvent être conservés au réfrigérateur, couverts, jusqu'à 2 jours.

Petit panini

🍲 Préparation: 5 minutes
🕐 Temps de cuisson: 7 minutes
🍮 Donne 1 portion (pour un enfant plus vieux)
❄ Ne peut être congelé ni réchauffé

2 c. à thé (à café) de beurre, ramolli
1 pain à hot-dog, coupé en deux
2 tranches de tomate
2 tranches de mozzarella
1 c. à soupe d'huile d'olive
Sel et poivre, au goût

La taille des pains à hot-dog convient parfaitement aux enfants.

Beurrer les côtés tranchés du pain. Coucher la tomate et la mozzarella sur la base du pain, saler et poivrer, et couvrir de l'autre moitié du pain. Préchauffer une poêle à fond cannelé graissée avec l'huile d'olive. Mettre le sandwich de côté dans la poêle et appuyer fermement. Laisser cuire 3 à 4 minutes, jusqu'à ce qu'il soit bien doré et croustillant. Retourner et faire cuire l'autre côté 3 minutes de plus. Couper et servir.

Falafels avec vinaigrette au yogourt à la menthe

🍲 Préparation: 20 minutes
🕐 Temps de cuisson: 8 minutes (en 2 lots)
🍮 Donne 4 à 6 portions
❄ Ne se congèlent pas, mais peuvent être réchauffés au micro-ondes environ 1 minute; bons servis froids.

1 petit oignon haché
1 c. à soupe d'huile d'olive
1 petite gousse d'ail broyée
¼ à ½ c. à thé (à café) de cumin moulu
¼ à c. à thé (à café) de coriandre moulue

Mis à part quelques aliments comme le quinoa et le tofu, la plupart des protéines végétales ne sont pas complètes; il faut donc en consommer une grande variété. Les falafels sont tout aussi bons servis froids, donc ils conviennent bien aux boîtes à lunch. Les pois chiches sont aussi une excellente source de protéines végétales.

Faire revenir l'oignon dans de l'huile d'olive jusqu'à ce qu'il soit ramolli. Ajouter l'ail, le cumin et la coriandre; faire revenir 2 minutes de plus. Pendant ce temps, égoutter les pois chiches et les rincer à l'eau froide; les mettre sur du papier absorbant et les sécher avant de les mettre dans un bol, sans leurs fines peaux, autant que possible.

Piler les pois chiches à l'aide d'un pilon, incorporer l'oignon, le persil, le zeste de citron et l'houmus; saler et poivrer. Diviser en 12 petites cuillères à soupe, les façonner en boules puis les aplatir en galettes. Fariner et secouer tout excès.

Faire chauffer l'huile dans une grande poêle et y faire dorer les falafels 1 à 1 ½ minute de chaque côté. Les égoutter brièvement sur un papier absorbant. Mélanger le yogourt, la menthe, le jus de citron et une pincée de sel. (La trempette et les falafels se conservent au réfrigérateur, couverts, pendant 2 jours.) Griller et fendre les pains pitas ou faire réchauffer les tortillas. Les tartiner d'une cuiller à soupe de la sauce au yogourt et ajouter deux falafels et un peu de laitue (si utilisée). Servir accompagnés de quartiers de citron.

410 g (14 oz) de pois chiches en conserve
1/2 c. à soupe de persil haché
Le zeste finement râpé d'un petit citron
3 c. à soupe d'houmus
1 c. à soupe de farine
3 c. à soupe d'huile de tournesol, pour frire
Sel et poivre, au goût
4 à 6 pains pitas ou tortillas, laitue en lanières, quartiers de citron, pour servir (facultatif)

Pour la vinaigrette au yogourt à la menthe
6 c. à soupe de yogourt grec
1 c. à thé (à café) de menthe fraîche hachée (10 à 12 feuilles)
1 c. à thé (à café) de jus de citron frais
Une pincée de sel

Truc
Variez en utilisant différentes variétés d'houmus (par ex.: poivron rôti). Je suggère ici de servir ces falafels chauds dans des pains pitas ou des tortillas, mais ils peuvent être servis tels quels. Dans ce cas, ajoutez 1 c. à soupe de lait au yogourt pour l'allonger un peu.

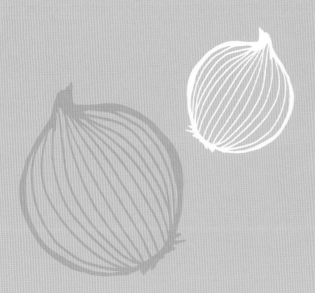

Pâté aux champignons

Préparation: 8 minutes, et le temps pour tiédir

Temps de cuisson: 12 minutes

Donne 4 portions

Ne peut être congelé ni réchauffé

1 c. à soupe d'huile d'olive

200 g (7 oz) de champignons nettoyés et tranchés

1 petite gousse d'ail broyée

1/4 de c. à thé (à café) de jus de citron frais

50 g (2 oz) de fromage à la crème ramolli

Sel et poivre, au goût

Les enfants qui refusent de manger des champignons vont peut-être essayer ce pâté s'ils ne savent pas de quoi il est fait! C'est un excellent choix aussi pour les végétariens. Délicieux tartiné en couche mince sur une rôtie bien chaude.

Faire chauffer l'huile dans une grande poêle et faire revenir les champignons 8 à 10 minutes, jusqu'à ce qu'ils soient tendres et que tout liquide soit évaporé. Ajouter l'ail et faire cuire 2 minutes de plus. Mettre les champignons dans le robot culinaire et les laisser tiédir à la température ambiante.

Hacher finement les champignons tiédis au robot et ajouter le reste des ingrédients; actionner une autre fois le robot jusqu'à l'obtention d'un pâté lisse. Saler et poivrer, transférer dans un contenant, couvrir, et réfrigérer jusqu'au moment de le consommer. Le pâté se conservera jusqu'à 3 jours au réfrigérateur.

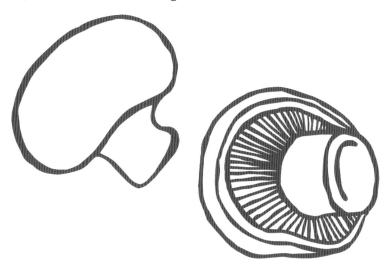

Quartiers de pommes de terre au four

Les quartiers de pommes de terre cuites au four remplacent avantageusement les croustilles. Je laisse la pelure des pommes de terre qui contient beaucoup de vitamines et de fibres. Vous pouvez préparer des quartiers épicés en ajoutant du paprika ou des assaisonnements à fajitas. Particulièrement savoureuses avec la Trempette à l'ail et aux herbes (voir p. 32).

Préchauffer le four à 200 °C/400 °F/gaz 6/chaleur tournante 180 °C. Couper les pommes de terre sur la longueur en huit quartiers. Verser l'huile dans un bol, saler et poivrer et ajouter le paprika ou l'assaisonnement à fajitas, si utilisé. Ajouter les quartiers et les enrober de l'huile.

Coucher les quartiers sur une tôle à biscuits tapissée de papier parchemin antiadhésif et faire cuire pendant 10 minutes; les tourner et poursuivre la cuisson 10 minutes de plus. Tourner les quartiers à nouveau et les faire cuire 5 à 10 minutes de plus, jusqu'à ce qu'ils soient bien dorés et bien cuits.

Laisser tiédir avant de servir. Peuvent être conservés au réfrigérateur, cuits, pendant 1 journée. Réchauffer pendant 5 minutes dans un four préchauffé à 200 °C/400 °F/gaz 6/chaleur tournante 180 °C.

Préparation: 5 minutes
Temps de cuisson: 25 minutes
Donne 2 portions (quantité facile à doubler)
❄ Ne doivent pas être congelés, mais peuvent être réchauffés dans un four préchauffé à 200 °C/400 °F/gaz 6/chaleur tournante 180 °C pendant 5 minutes.

1 pomme de terre moyenne non pelée et bien rincée
1/2 c. à soupe d'huile d'olive
1/4 de c. à thé (à café) de paprika ou d'assaisonnement pour fajitas (facultatif)
Sel et poivre, au goût

Truc
Je tapisse une tôle à biscuits de papier parchemin, sinon les quartiers tendent à coller à la tôle. Les épices sont facultatives; vous pouvez toujours préparer une moitié épicée et l'autre moitié non épicée.

Mini-quiches au fromage et aux tomates

🍲 Préparation: 20 minutes
🕐 Temps de cuisson: 20 minutes
🍥 Donne 8 mini-quiches
❄ Peuvent être congelées: les congeler cuites et refroidies dans une boîte de plastique hermétique. Laisser décongeler au réfrigérateur pendant la nuit. Les réchauffer au micro-ondes pendant 20 à 30 secondes ou 8 a 10 minutes dans un four préchauffé à 150 °C/300 °F/gaz 2/ chaleur tournante 130 °C.

Une abaisse de pâte brisée
     de 200 g (7 oz)
8 tomates cerises
     (préférablement italiennes)
1 œuf
6 c. à soupe de lait
1 c. à soupe de crème
     (ou plus de lait)
2 c. à soupe de parmesan râpé
45 g (1 ½ oz) de cheddar vieilli
     râpé
Sel et poivre au goût

J'aime utiliser des tomates cerises pour ces petites quiches car elles sont sucrées et conviennent bien à la garniture au fromage. Pour les enfants plus jeunes, vous pouvez servir ces quiches coupées en pointes.

Utiliser un emporte-pièce rond de 9 cm (3 ½ po) pour découper des ronds de pâte (réabaisser les retailles si nécessaire). Tapisser huit fonds d'un moule à muffins et réfrigérer pendant 10 minutes. Des mini-moules à quiche font aussi l'affaire. Entre-temps, préchauffer le four à 200 °C/400 °F/gaz 6/chaleur tournante 180 °C.

  Couper les tomates cerises en quartiers; réserver. Fouetter l'œuf, le lait, la crème ou le lait supplémentaire et le parmesan; poivrer et saler légèrement (le parmesan est très salé). Déposer quatre quartiers de tomate sur chaque fond de pâte. Verser environ une cuiller à soupe du mélange à l'œuf par-dessus et garnir de cheddar.

  Faire cuire au four pendant 20 minutes jusqu'à ce que la pâte soit dorée et la garniture prise. Laisser tiédir dans le moule pendant 10 minutes et faire glisser la pointe d'un couteau autour de chacune des quiches pour les démouler. Servir tièdes ou froides. Peuvent être conservées au réfrigérateur pendant 2 jours.

Crêpes au maïs

🥄 Préparation: 5 minutes
🕐 Temps de cuisson: 12 minutes
(en 3 lots)
🍥 Donne 10 à 12 crêpes
❄ Peuvent être congelées:
mettre des portions individuelles
de 2 ou 3 crêpes en une seule
couche sur des carrés de papier
aluminium et en faire des
paquets; congeler. Réchauffer
pendant 5 minutes dans un four
préchauffé à 200 °C/400 °F/gaz 6/
chaleur tournante 180 °C.

200 g (7 oz) de maïs en
    conserve égoutté
2 gros oignons verts en quartiers
1 œuf
1 c. à soupe de miel clair
50 g (½ tasse) de farine
    autolevante
2 à 3 c. à soupe d'huile de
    tournesol pour frire
Une pincée de sel (facultatif)

Il est préférable, pour les plus petits enfants, de passer le maïs au robot afin que les crêpes ne soient pas grumeleuses. Il en résulte ainsi une pâte à crêpes légèrement plus épaisse, ce qui donne des crêpes plus résistantes et donc de meilleurs croque-en-doigts. Elles sont délicieuses pour le petit-déjeuner, à midi ou comme collation.

Hacher finement le maïs et les oignons au robot culinaire. Ajouter l'œuf et le miel, et actionner le robot une fois de plus. Ajouter la farine et une pincée de sel (facultatif) et bien mélanger au robot. Verser la pâte dans un pichet.

Faire chauffer l'huile dans une grande poêle à frire antiadhésive. Déposer des cuillerées à soupe de pâte dans la poêle et faire cuire 1 ½ à 2 minutes, jusqu'à ce que le dessous des crêpes soit doré et que des bulles commencent à apparaître à la surface. Retourner les crêpes à l'aide d'une spatule et faire cuire de 1 à 2 minutes, jusqu'à ce qu'elles soient dorées. Laisser tiédir avant de servir. De minuscules crêpes peuvent aussi être réalisées en faisant cuire des cuillerées à thé (à café) de pâte. Elles peuvent être conservées au réfrigérateur, cuites, pendant 2 jours et réchauffées pendant 10 à 15 secondes au micro-ondes ou dans une poêle à feu doux.

Bâtonnets de mozzarella cuits au four

Le secret de la réussite se trouve dans l'enrobage de chapelure qui empêche le fromage de fondre sur la tôle à biscuits. Si certaines parties sont découvertes, retrempez-les dans de l'œuf et remettez-y de la chapelure. Vous pouvez aussi faire frire les bâtonnets: omettez l'huile d'olive de la recette et faites-les frire à température moyenne 2 à 3 minutes chaque côté.

Préchauffer le four à 200 °C/400 °F/gaz 6/chaleur tournante 180 °C. Couper la mozzarella, sur la longueur, en quatre tranches d'environ 1,5 cm (½ po) d'épaisseur. Couper chaque tranche sur la longueur pour obtenir 16 bâtonnets (pour la mozzarella en boule, essuyer l'excès d'eau à l'aide d'un papier absorbant). Mettre la chapelure dans un bol et y incorporer le parmesan, le paprika, le sel et le poivre, ajouter l'huile en remuant à l'aide d'une fourchette pour bien la distribuer. Mettre les œufs battus dans un bol moyen.

Tremper 2 ou 3 bâtonnets de mozzarella dans l'œuf avant de les rouler soigneusement dans la chapelure. Tremper les bâtonnets à nouveau dans l'œuf et les rouler une fois de plus dans la chapelure pour bien enrober. Déposer tous les bâtonnets sur une tôle à biscuits tapissée de papier parchemin antiadhésif.

Les faire cuire 4 minutes, tourner et poursuivre la cuisson 3 à 4 minutes, jusqu'à ce que la chapelure commence à dorer; un peu de mozzarella peut couler. Retirer du four et laisser reposer 5 à 6 minutes pour permettre au fromage de tiédir et de se solidifier. Entre-temps, faire chauffer la sauce tomate.

Servir les bâtonnets accompagnés de la sauce tomate comme trempette. Pour les enfants plus jeunes, les bâtonnets peuvent être coupés en 2 ou 3 morceaux.

Préparation: 15 minutes
Temps de cuisson: 8 minutes
Donne 16 bâtonnets ou environ 3 portions

Se congèlent bien: mettre les bâtonnets sur une tôle tapissée d'une pellicule plastique. Les couvrir d'une autre pellicule plastique et les congeler 3 à 4 heures, jusqu'à ce qu'ils soient fermes. Se conservent jusqu'à 1 mois dans des sacs de plastique pour la congélation. Les faire cuire directement sortis du congélateur en augmentant le temps de cuisson à 10 à 11 minutes. Peuvent être réchauffés.

125 g (4½ oz) de mozzarella ferme
100 g (3 ½ oz) de chapelure sèche
30 g (1 oz) de parmesan, fraîchement râpé
1 c. à thé (à café) de paprika
4 c. à soupe d'huile d'olive
2 œufs, battus
Sel et poivre, au goût
4 c. à soupe de sauce tomate, pour servir (la Sauce tomate minute, p. 32, ou votre sauce préférée)

Croustilles de panais et de patate douce au four

🍲 Préparation: 8 minutes
🕐 Faire cuire pendant
15 à 20 minutes
🍽 Donne 4 portions
❄ Ne peuvent être congelées
ni réchauffées

1 petit panais, pelé
1/2 petite patate douce, pelée
1 c. à soupe d'huile d'olive
Une pincée de sel (facultatif)

Truc
La patate douce et le panais
ne cuisent pas à la même
vitesse, il est donc plus facile
de les cuire sur deux tôles
séparées. Surveillez-les bien
en fin de cuisson.

Les enfants qui ne raffolent pas des légumes seront peut-être tentés de croquer ces délicieuses croustilles naturellement sucrées et saines car elles sont cuites au four. Elles accompagnent bien les Bouchées ou hamburgers végétariens (voir p. 24).

Préchauffer le four à 150 °C/300 °F/gaz 2/chaleur tournante 130 °C. Tapisser deux grandes tôles à biscuits de papier parchemin antiadhésif.

Utiliser un petit économe pivotant pour peler des lanières minces du panais. Mettre les lanières dans un bol et les enrober de la moitié de l'huile. Répartir les tranches en une seule couche sur l'une des tôles à biscuits préparées. Répéter avec la patate douce, en utilisant la deuxième tôle à biscuits.

Faire cuire pendant 10 minutes et secouer les tôles. Faire cuire 5 minutes de plus, vérifier la cuisson et retirer du four lorsque les lanières sont croustillantes et dorées sur le pourtour. Sinon, poursuivre la cuisson 4 à 5 minutes de plus, en vérifiant toutes les minutes (elles peuvent brunir très vite). Le panais cuit un peu plus rapidement que la patate douce.

Transférer les croustilles dans un bol et les saler légèrement, si désiré. Ces croustilles sont délicieuses servies immédiatement mais peuvent être conservées dans un contenant hermétique jusqu'au lendemain (elles seront peut-être un peu ramollies).

Trempette au fromage cottage

⏱ Préparation: 5 minutes
🍽 Donne 5 ou 6 portions
❄ Ne peut être congelée ni réchauffée

250 g (½ lb) de fromage cottage ou de fromage blanc
4 c. à soupe de mayonnaise
2½ c. à soupe de ketchup
¼ de c. à thé (à café) de jus de citron frais
Une toute petite goutte de sauce Worcestershire (facultatif)

Le fromage cottage est une excellente source de calcium, mais bien des enfants n'aiment pas sa texture. Or, une fois fouetté jusqu'à l'obtention d'une texture lisse, il peut constituer une bonne base pour une trempette.

Mettre tous les ingrédients dans le robot culinaire et bien fouetter. Verser dans un bol et réfrigérer jusqu'au moment de servir. Cette trempette accompagne très bien les bâtonnets de concombre, de carotte et de poivron rouge. Les légumes peuvent être préparés d'avance, emballés dans du papier absorbant humide et réfrigérés pour qu'ils demeurent frais.

Variante: Fromage cottage garni d'un tourbillon de purée de fruits

Mélanger du fromage cottage, du sucre et de la vanille, et ajouter une spirale de purée ou de compote d'abricots du commerce.

Mini-pommes de terre au four

Les enfants plus vieux adorent les pommes de terre au four farcies, mais elles sont un peu compliquées à manger pour les tout-petits. Les petites patates nouvelles font une excellente variante à savourer avec les doigts!

Préchauffer le four à 200 °C/400 °F/gaz 6/chaleur tournante 180 °C. Mettre les pommes de terre dans un bol, les arroser d'huile et les saler et poivrer. Bien les enrober d'huile et les répartir sur une tôle à biscuits. Faire cuire pendant 30 à 35 minutes jusqu'à ce qu'elles soient bien cuites. Retirer du four et laisser tiédir un peu. Les couper en deux et, à l'aide d'une cuiller, vider une partie de la chair. Mettre la chair de pommes de terre dans un petit bol et y ajouter la crème sure (aigre) et la ciboulette. Piler tous les ingrédients ensemble; saler et poivrer au goût.

   Remplir les pelures de pommes de terre de ce mélange et garnir de fromage (si utilisé). Remettre les pommes de terre sur la tôle à biscuits et faire cuire au four 5 à 10 minutes de plus jusqu'à ce qu'elles soient bien chaudes.

   Peuvent être réchauffées: les pommes de terre farcies peuvent être réfrigérées et réchauffées dans un four à 200 °C/400 °F/ gaz 6/ chaleur tournante 180 °C 15 à 20 minutes, mais elles tendent à devenir ainsi un peu sèches. Ne doivent pas être congelées.

Préparation: 10 minutes
Temps de cuisson: 45 minutes
Donne 4 portions
(enfants plus vieux)

8 pommes de terre nouvelles
1 c. à soupe d'huile d'olive
3 c. à soupe de crème sure (aigre)
   ou de crème fraîche
1 c. à thé (à café) de ciboulette
   ciselée ou 1 petit oignon vert,
   haché finement
30 g (1 oz) de fromage râpé
   (facultatif)
Sel et poivre au goût

Tempura de légumes

Pour que la pâte soit légère, mélangez-la aussi rapidement
que possible et ne vous souciez pas de la présence de quelques
grumeaux.

Mélanger les ingrédients de la sauce jusqu'à ce que le sucre soit
dissous et la répartir dans quatre bols à tremper; réserver.
Préparer les légumes avant de faire la pâte. Ils peuvent être
préparés quelques heures d'avance et conservés dans une assiette
au réfrigérateur, couverts d'un papier absorbant humide et
emballés dans une pellicule plastique.

Verser l'huile dans une grande poêle profonde (l'huile ne devrait
pas remplir plus de la moitié de la poêle) ou une friteuse et la faire
chauffer à 190 °C/375 °F. Tapisser deux tôles à biscuits de deux
épaisseurs de papier absorbant.

Mettre la farine et la farine de maïs dans un grand bol et les
mélanger à la fourchette. Ajouter l'eau gazéifiée et mélanger
rapidement à la fourchette; la présence de grumeaux est normale.
La pâte devrait avoir la texture d'une crème liquide. Ajouter une ou
deux cuillers à soupe d'eau au besoin.

Passer cinq ou six morceaux de légumes dans la pâte et les glisser
doucement un à la fois dans l'huile brûlante. Éviter de surcharger
la poêle; l'huile refroidira et la panure sera huileuse. Faire frire 2 à
3 minutes, en retournant une fois, jusqu'à ce qu'ils soient gonflés,
croustillants et légèrement dorés sur le pourtour. Les transférer
sur les tôles à biscuits à l'aide d'une cuiller à égoutter; les laisser
égoutter 1 à 2 minutes. Entre-temps, continuer de tremper les
légumes dans la pâte et de les faire cuire. La tempura est à son
avantage lorsqu'elle est dégustée immédiatement, mais peut être
conservée au chaud dans un four préchauffé à 120 °C/250 °F /gaz
½ /chaleur tournante 100 °C pendant 10 à 15 minutes.

🍲 Préparation: 20 minutes
🕐 Temps de cuisson:
15 à 20 minutes
🍽 Donne 4 portions

½ poivron rouge épépiné et en
    lanières
1 petite courgette jaune (ou verte)
    en rondelles de 1/2 cm
    (¼ de po) d'épaisseur
1 brocoli en mini-bouquets
Une poignée de pois mange-tout
    parés
450 ml (15 oz) d'huile végétale
    pour frire
100 g (1 tasse) de farine
50 g (3/8 de tasse) de farine de
    maïs
250 ml (1 tasse) d'eau gazéifiée
    ou de soda

Pour la trempette
2 c. à soupe de mirin
1 c. à soupe de sauce soja
1 c. à soupe d'eau
½ c. à thé (à café) de sucre

Truc
Testez la température
de l'huile en y faisant
frire un cube de pain: à la
bonne température, le pain
devrait être bien doré après
20 secondes.

Sandwich au fromage et à la ciboulette

Préparation: 5 minutes
Donne 1 portion

2 ou 3 tiges de ciboulette hachée
1 c. à soupe de mayonnaise
1 c. à thé (à café) d'eau
45 g (1 ¹/₂ oz) de cheddar râpé
   au choix
2 tranches de pain
1 c. à soupe de beurre à la
   température ambiante

Les oignons sont parfois trop forts pour les tout-petits, mais le goût plus doux de la ciboulette peut rendre un sandwich au fromage ordinaire plus intéressant. Passer un rouleau à pâtisserie sur le pain permet de faire des sandwichs que les enfants trouvent plus faciles à manger.

Mélanger la ciboulette, la mayonnaise et l'eau dans un petit bol; ajouter le fromage et bien remuer.

Passer le rouleau à pâtisserie sur le pain jusqu'à ce qu'il soit moins épais de moitié. Beurrer un côté de chaque tranche. Répartir la garniture au fromage sur l'une des tranches de pain beurrées et déposer la deuxième tranche de pain sur le dessus, en appuyant bien. Retirer les croûtes à l'aide d'un couteau et couper le sandwich en carrés ou en triangles. Servir.

Mini-boulettes de légumes

Ce mariage de légumes agrémenté de gruyère, parmesan et vinaigre balsamique avec une touche de sauce soja plaira sûrement à tous les membres de la famille. Pour les enfants plus vieux, ce mélange fait des hamburgers excellents et différents.

Faire chauffer l'huile dans une poêle et faire revenir les légumes 8 minutes. Ajouter le thym et l'ail et faire cuire 2 minutes; les légumes devraient être assez secs. Ajouter le vinaigre balsamique et faire cuire pendant 30 secondes jusqu'à ce qu'il soit évaporé. Éteindre le feu et incorporer le sucre en remuant. Laisser tiédir.

Mettre le pain dans le robot culinaire et le réduire en miettes. Ajouter les légumes, le gruyère, deux cuillers à soupe de parmesan et la sauce soja; saler et poivrer. Bien mélanger au robot. Façonner des boulettes d'une cuiller à thé (à café) du mélange. Pour les enfants plus costauds, utiliser une cuiller à soupe.

Mélanger les miettes de pain sec et le reste du parmesan dans une assiette avec un peu de poivre. Mettre la farine dans une assiette et l'œuf battu dans un petit bol. Rouler les boulettes dans la farine, les tremper dans le mélange à l'œuf et les enrober de chapelure.

Faire chauffer l'huile de tournesol dans une poêle à frire et faire cuire les boulettes environ 2 minutes, en les tournant de temps à autre, ou, dans le cas de burgers, 2 minutes de chaque côté. Égoutter sur du papier absorbant et laisser tiédir avant de servir.

Préparation: 20 minutes
Temps de cuisson: 2 minutes (bouchées), 4 minutes (galettes)
Donne 27 bouchées
Conviennent aux enfants de moins d'un an
Peuvent être congelées et réchauffées: congeler les boulettes crues et les faire cuire directement du congélateur; ajouter 1 minute au temps de cuisson.

1 c. à soupe d'huile d'olive
1 petit oignon rouge haché
1 petite carotte pelée et râpée
3 champignons en dés
½ petite courgette râpée
3 bouquets de brocoli en petits morceaux
¼ de c. à thé (à café) de feuilles de thym frais
1 gousse d'ail broyée
1 c. à soupe de vinaigre balsamique
½ c. à thé (à café) de sucre ou au goût
1 tranche de pain blanc sans croûte
30 g (1 oz) de gruyère râpé
5 c. à soupe de parmesan râpé
½ c. à soupe de sauce soja foncée
3 c. à soupe de chapelure sèche
1 ½ c. à soupe de farine
1 œuf, battu avec une pincée de sel (l'omettre pour les enfants de moins d'un an)
3 à 4 c. à soupe d'huile de tournesol pour frire
Poivre noir

Poissons en vedette

En plus d'être une excellente source de protéines, les poissons gras contiennent des oméga-3 qui contribuent à la santé des méninges. Ils peuvent aussi changer la vie de parents d'enfants dyslexiques, atteints de THADA (trouble d'hyperactivité avec déficit d'attention) et de dyspraxie. Il existe des preuves irréfutables qu'un apport plus grand en oméga-3 peut favoriser la concentration et l'apprentissage et améliorer le comportement. Les enfants devraient idéalement consommer deux portions de poisson gras par semaine (mais pas plus compte tenu de leur taux parfois élevé de toxines).

Galettes de saumon

Les galettes de poisson sont souvent une façon facile d'encourager les bambins à manger du poisson. Vous pouvez aussi les préparer avec du saumon frais et déchiqueté.

Enlever la peau et les grosses arêtes du saumon. Mettre le pain dans le robot culinaire et le réduire en miettes. Dans un bol, mélanger le saumon émietté, la chapelure de pain, les oignons verts, le ketchup et le jus de citron. Ajouter la mayonnaise une cuiller à thé (à café) à la fois jusqu'à ce que le mélange soit bien lié (toute la quantité ne sera peut-être pas nécessaire).

Bien mélanger, saler et poivrer. Faire chauffer l'huile dans une poêle. Mettre la farine dans un petit bol; saler et poivrer. Rouler le mélange en boulettes d'une cuiller à soupe. Rouler les boulettes dans la farine, les aplatir à l'aide du dos d'une cuiller ou une spatule et faire frire pendant 4 à 5 minutes, en les tournant de temps à autre. Égoutter sur du papier absorbant et laisser tiédir avant de servir.

🍲 Préparation: 10 minutes
🕐 Temps de cuisson: 5 minutes
🍥 Donne 12 galettes
☺ Conviennent aux enfants de moins d'un an
❄ Ne devraient être ni congelées ni réchauffées: le mélange cru peut être conservé au réfrigérateur, couvert, pendant 2 à 3 jours.

210 g (7 oz) de saumon en conserve égoutté
2 tranches de pain blanc sans croûte
2 oignons verts hachés
2 c. à soupe de ketchup
1 c. à thé (à café) de jus de citron
1 c. à soupe de mayonnaise
2 c. à soupe de farine
2 à 3 c. à soupe d'huile de tournesol pour frire
Sel et poivre, au goût

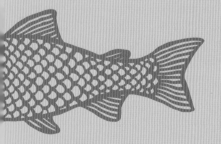

Crevettes géantes marinées et salsa aux tomates

Les crevettes accompagnées d'une bonne trempette font de succulents croque-en-doigts pour toute la famille; sans compter qu'elles cuisent en un rien de temps.

Mettre les crevettes dans un petit récipient à fond plat et y ajouter le jus de lime, la coriandre, la sauce soja et le poivre. Réfrigérer au moins 30 minutes, mais pas plus d'une heure pour éviter que le jus de lime se mette à «cuire» les crevettes.

Entre-temps, préparer la salsa. Mélanger tous les ingrédients, sauf la coriandre, et réfrigérer jusqu'au moment de servir. Retirer les crevettes de la marinade et les assécher en tapotant. Faire chauffer l'huile dans une poêle et faire revenir les crevettes pendant 90 secondes. Ajouter une cuiller à soupe de la marinade et la laisser s'évaporer. Tourner les crevettes et cuire l'autre côté pendant 90 secondes de plus. Ajouter une autre cuiller à soupe de la marinade et la laisser s'évaporer. Vérifier la cuisson en pratiquant une entaille dans la partie la plus charnue.

Lorsque les crevettes sont cuites, incorporer la coriandre hachée à la salsa et servir immédiatement.

Préparation: 15 minutes et 30 minutes pour mariner
Temps de cuisson: 3 minutes
Donne 2 ou 3 portions

125 g (½ de lb) de crevettes géantes crues, décortiquées
Le jus d'une grosse lime
1 c. à thé (à café) de coriandre hachée
1 c. à thé (à café) de sauce soja
Poivre, au goût
1 c. à soupe d'huile de tournesol, pour frire

Pour la salsa aux tomates
1 c. à soupe d'oignon rouge haché
2 tomates en quartiers épépinées et en petits dés
2 c. à soupe d'huile d'olive
1 c. à thé (à café) de sauce soja
1 c. à thé (à café) de vinaigre de riz
1 c. à thé (à café) de jus de lime frais
1 c. à soupe de coriandre fraîche, hachée (facultatif)

Croquettes de poisson avec trempette à la mayonnaise citronnée

🍲 Préparation: 20 minutes
🕐 Temps de cuisson:
3 à 4 minutes
🌐 Donne 6 à 8 portions
❄ Se congèlent bien: mettre les croquettes crues sur une tôle à biscuits tapissée d'une pellicule plastique. Les couvrir d'une autre pellicule plastique et les congeler pendant 2 heures. Les transférer dans un sac de plastique refermable. Les faire cuire directement du congélateur (le temps de cuisson est le même). Ne doivent pas être réchauffées.

225 g (½ lb) de filets de sole ou
  de plie, sans la peau
45 g (1 ½ oz) de riz soufflé
3 c. à soupe de parmesan râpé
¼ de c. à thé (à café) de paprika
1 c. à thé (à café) de graines de
  sésame (facultatif)
1 œuf
2 c. à soupe de farine
2 à 3 c. à soupe d'huile de
  tournesol, pour frire
Sel et poivre, au goût

Pour la trempette
2 c. à soupe de mayonnaise
2 c. à soupe de yogourt grec
1 c. à thé (à café) de jus de citron
Une pincée de sel (facultatif)

Le riz soufflé fait un délicieux enrobage pour le poisson; ces lanières cuisent rapidement et peuvent être cuites directement sorties du congélateur. Les flocons de maïs font aussi un très bon enrobage. Couper simplement le poisson en lanières, les enrober de farine assaisonnée, d'œuf légèrement battu et ensuite de flocons de maïs émiettés, et les faire revenir jusqu'à ce qu'elles soient bien dorées et entièrement cuites.

Couper le poisson en très petits morceaux de la taille d'un doigt. Les couvrir et les réfrigérer. Réduire le riz soufflé, le parmesan et le paprika en fines miettes au robot. Verser dans une assiette; saler et poivrer, et ajouter les graines de sésame (si utilisées). Battre l'œuf dans un bol avec une pincée de sel. Répandre la farine dans une autre assiette.

  Enrober trois ou quatre morceaux de poisson de cette farine, les tremper dans le mélange à l'œuf et bien les enrober de chapelure au riz soufflé. Les déposer dans une assiette propre et poursuivre avec le reste du poisson. Faire cuire immédiatement ou congeler selon les directives ci-contre.

  Dans une grande poêle, faire chauffer l'huile et ajouter le poisson. Le faire frire pendant 1 ½ à 2 minutes jusqu'à ce que les lanières soient dorées et cuites. Transférer dans une assiette tapissée de papier absorbant; laisser tiédir avant de servir. Pour la trempette: mélanger tous les ingrédients dans un petit bol. Ajouter une pincée de sel, si désiré. Servir avec les croquettes de poisson.

Wontons en aumônière

Les wontons sont étonnamment faciles à réaliser. Les enfants prendront plaisir à les façonner eux-mêmes. Conservez les wontons préparés sous un linge humide et une pellicule plastique pour éviter qu'ils sèchent. Il faudra aussi un panier cuit-vapeur, une poêle et du papier parchemin antiadhésif.

Faire chauffer 1 c. à soupe d'eau dans une poêle moyenne jusqu'à l'émission de vapeur. Ajouter les épinards, couvrir et les faire flétrir 1 à 2 minutes. Bien égoutter et laisser tiédir. Transférer les épinards dans le robot culinaire, ajouter les crevettes décortiquées et les châtaignes d'eau, et hacher. Ajouter les oignons verts, le gingembre, la sauce mirin, le sucre, la sauce d'huîtres et la sauce soja, et mettre le robot en mode pulsation jusqu'à ce que les crevettes soient hachées grossièrement.

Coucher une feuille de wonton sur une planche à découper et en humecter le pourtour. Déposer 2 c. à thé (à café) de la garniture au centre et réunir les quatre coins avant de les pincer juste au-dessus de la garniture pour sceller. Ils peuvent aussi être pliés en deux pour former des triangles. Déposer les wontons sur une tôle à biscuits tapissée d'une pellicule plastique, et les couvrir d'une autre pellicule plastique. Répéter avec le reste des wontons et de la garniture. Les wontons devront être réfrigérés, couverts, 1 à 2 heures. S'ils doivent être conservés plus longtemps, suivre les directives de congélation (ci-contre). Pour les faire cuire, tapisser le fond d'un panier cuit-vapeur d'un cercle de papier parchemin antiadhésif (les Chinois utilisent souvent des feuilles de laitue!) et y déposer les wontons. Placer le panier au-dessus d'une casserole d'eau bouillante; couvrir. Faire cuire à la vapeur 8 minutes. Servir accompagnés de sauce soja comme trempette.

🍲 Préparation: 25 minutes
🕐 Temps de cuisson: 8 minutes
🍥 Donne 12 wontons
❄ Peuvent être congelés: congeler les wontons recouverts pendant 2 à 3 heures jusqu'à ce qu'ils soient durs. Les conserver dans un sac pour congélation jusqu'à un mois. Les faire cuire à la vapeur directement du congélateur pendant 10 minutes. Ne doivent pas être réchauffés.

30 g (1 oz) de jeunes pousses d'épinards, rincées
125 g (1/2de lb) de crevettes crues, non décortiquées
4 ou 5 châtaignes d'eau en quartiers
2 oignons verts tranchés
1/2 c. à thé (à café) de gingembre frais râpé
1 c. à thé (à café) de mirin
1 c. à thé (à café) de sucre
1 c. à thé (à café) de sauce d'huîtres
1/2 c. à thé (à café) de sauce soja, et plus pour tremper
12 feuilles pour wontons

Truc
Si vous avez l'intention de congeler les wontons, utilisez des crevettes fraîches plutôt que surgelées, ou cuites.

Brochettes de saumon au chili doux

🍳 Préparation: 5 minutes,
15 à 20 de plus pour mariner
🕐 Temps de cuisson: 7 minutes
🌀 Donne 4 brochettes ou
2 ou 3 portions
❄ Ne peuvent être congelées
ni réchauffées

2 c. à thé (à café) de sauce chili
    sucrée
½ c. à thé (à café) de mirin
½ c. à thé (à café) de sauce soja
    foncée
225 g (½ lb) de filets de saumon,
    sans peau, en cubes de 1 cm
    (½ po)
Quatre brochettes de bois, ayant
    trempé dans l'eau au moins
    20 minutes

Les poissons gras, notamment le saumon, sont une bonne source d'acides gras oméga-3 et devraient être servis à vos enfants une ou deux fois par semaine. Les marinades, surtout lorsqu'elles sont délicieuses et sucrées comme celle-ci, aident même les enfants les plus réticents à manger du poisson.

Mélanger les sauces chili, mirin et soja dans un bol. Ajouter le saumon et bien l'enrober. Laisser mariner 15 à 20 minutes, en remuant deux ou trois fois.

Préchauffer le gril au maximum et tapisser une plaque à griller de papier aluminium. Embrocher les cubes de saumon; déposer les brochettes sur le papier aluminium. Arroser le saumon avec la moitié de la marinade qui reste dans le bol et les faire griller pendant 3 minutes. Tourner les brochettes, arroser du reste de la marinade et les faire griller pendant 3 à 4 minutes de plus, jusqu'à ce que le saumon soit complètement cuit.

Laisser tiédir. Pour les tout-petits, il est préférable de retirer les cubes des brochettes avant de les servir.

Saumon teriyaki

Variez cette recette selon les préférences de vos enfants. Vous
pouvez omettre les graines de sésame et, si vos enfants ne
raffolent pas du gingembre, n'en utiliser qu'un tout petit peu.

Faire griller les graines de sésame dans une petite poêle à feu
moyen pendant 2 à 3 minutes, en remuant deux ou trois fois.
Les répartir dans une assiette et les laisser tiédir.
Couper le saumon en cubes de 1 cm (½ po). Embrocher trois ou
quatre cubes et déposer les brochettes sur une tôle à biscuits
tapissée de papier aluminium.
Préchauffer le gril à température maximale. Enlever la pelure du
gingembre en la grattant avec le bout d'une cuiller. Râper
finement le gingembre pour obtenir ¼ de c. à thé (à café). Mettre
le gingembre dans un bol avec la sauce soja et le miel; bien
mélanger.
Badigeonner le saumon d'un peu de cette sauce teriyaki et faire
griller pendant 2 minutes, aussi près que possible des flammes.
Badigeonner le saumon avec la sauce encore une fois et faire
griller 2 minutes de plus. Tourner les brochettes, les badigeonner
et les griller comme précédemment.
Laisser tiédir les brochettes et les servir garnies de graines de
sésame grillées. Il est préférable de retirer le saumon des
brochettes avant de le servir aux tout-petits.

Préparation: 5 minutes
Temps de cuisson: 8 minutes
Donne 6 brochettes
Ne doivent pas être congelées
ni réchauffées

1 c. à soupe de graines de sésame
200 g (7 oz) de filet de saumon
   sans peau
Un petit morceau de
   gingembre frais
1 ½ c. à thé (à café) de sauce soja
1 c. à soupe de miel clair
Six brochettes de bois, ayant
   trempé dans de l'eau
   30 minutes

Truc
Le gingembre congelé est
plus facile à râper.

Sushis pressés

Préparation: 15 minutes
Temps de cuisson: 15 minutes
Temps de réfrigération :
30 minutes
Donne environ 32 sushis
Ne peuvent être congelés
ni réchauffés

210 g (1 tasse) de riz pour sushi
350 ml (1½ tasse) d'eau
3 c. à soupe de vinaigre de riz
2 c. à soupe de sucre semoule
¼ de c. à thé (à café) de sel
4 à 6 tranches minces de saumon
    fumé

Truc
Pour les enfants plus vieux,
ce plat est amusant à
préparer.

Les Japonais appellent ce type de sushi «oshi sushi», et il est
étonnamment facile à réaliser. Le sushi sera plus facile à couper
si vous mouillez votre couteau entre chaque coupe. Bien qu'il ne
puisse être congelé, le sushi bien emballé dans une pellicule
plastique peut être réfrigéré toute une nuit.

Verser le riz et l'eau dans une casserole. Porter à ébullition,
couvrir hermétiquement la casserole, baisser le feu au minimum
et laisser cuire 15 minutes. Éteindre le feu et laisser reposer
pendant 15 minutes.

Entre-temps, réchauffer le vinaigre au micro-ondes
10 secondes, ou à feu doux dans une casserole, sans laisser
bouillir; ajouter le sucre et le sel, et les faire dissoudre. Tapisser
un moule à charnière de 20 cm (8 po) de deux épaisseurs de
pellicule plastique en le laissant dépasser d'une bonne longueur
par-dessus les bords. Étendre les tranches de saumon fumé dans
le fond du moule en les faisant se chevaucher un peu.

Mettre le riz cuit dans un grand bol et y incorporer le mélange
au vinaigre en remuant. Laisser le riz tiédir pendant 10 minutes,
en remuant de temps à autre. Étendre le riz sur le saumon,
ramener la pellicule plastique par-dessus le riz et appuyer
fermement à l'aide d'un pilon.

Réfrigérer 30 minutes. Dégager le fond du moule, retirer la
pellicule plastique du côté qui couvre le riz et renverser la
rondelle de sushi sur une planche à découper (le saumon vers le
haut). Retirer entièrement la pellicule de plastique et couper en
morceaux à l'aide d'un couteau affûté. Servir accompagnés de
sauce soja comme trempette.

Crevettes à la noix de coco

J'ignore qui a eu l'idée de combiner ces deux ingrédients, mais la saveur de la noix de coco accompagne merveilleusement bien le goût légèrement sucré des crevettes. J'aime beaucoup la chapelure japonaise (panko), mais si vous n'arrivez pas à en trouver, utilisez de la chapelure ordinaire.

Mélanger les ingrédients de la sauce dans un petit bol et la répartir dans quatre bols à tremper; réserver.

Assécher les crevettes à l'aide de papier absorbant. Répandre la farine dans une grande assiette. Fouetter l'œuf et la sauce soja dans un bol. Mélanger la chapelure et la noix de coco, et étendre ce mélange dans une autre assiette. Fariner les crevettes, les tremper dans l'œuf puis dans la chapelure à la noix de coco. Déposer dans une assiette ou un plateau. Les crevettes panées peuvent être conservées au réfrigérateur, couvertes, pendant 2 heures avant la cuisson.

Faire chauffer 1 cm (½ po) d'huile de tournesol dans un wok ou une poêle à frire profonde jusqu'à ce qu'une miette de pain grésille et brunisse en 30 secondes. Ajouter les crevettes panées et les faire dorer 2 à 3 minutes de chaque côté. Si les crevettes dorent trop vite, baisser le feu. Éviter de surcharger la poêle; faire plutôt cuire les crevettes en deux fois. Égoutter les crevettes cuites sur deux feuilles de papier absorbant et les laisser tiédir légèrement. Les servir accompagnées de la sauce comme trempette (la sauce du Cocktail de crevettes dans les Barquettes de laitue (voir p. 119), ferait une autre excellente sauce pour tremper les crevettes.

Préparation: 20 minutes

Temps de cuisson: 6 minutes

Donne 3 ou 4 portions (quantité facile à diviser ou à doubler)

Ne peuvent être congelées ni réchauffées

12 crevettes géantes crues (décongelées si surgelées) décortiquées, déveinées et queues enlevées
2 c. à soupe de farine
1 œuf
½ c. à thé (à café) de sauce soja
30 g (1 oz) de chapelure japonaise (panko) ou sèche
20 g (¾ d'oz) de noix de coco déshydratée
Huile de tournesol, pour frire

Pour la trempette
2 c. à soupe de sauce chili sucrée
2 c. à thé (à café) de vinaigre de riz
1 c. à thé (à café) de mirin

Trempette au saumon avec simili biscottes Melba

🍲 Préparation: 5 minutes (trempette), 5 minutes (biscottes)
🕐 Temps de cuisson: 8 minutes (pour 4 biscottes)
🍽 Donne 4 portions
❄ Ne peut être congelée ni réchauffée

215 g (7 oz) de saumon rose en conserve égoutté, la peau et les arêtes retirées
50 g (2 oz) de fromage à la crème
1 c. à soupe de ketchup
1 c. à soupe de mayonnaise
1 c. à soupe de yogourt grec ou de crème sure (aigre)
2 c. à thé (à café) de jus de citron frais
4 tranches de pain (complet ou blanc)
Sel et poivre, au goût

Le saumon en conserve est une bonne source de calcium pour les enfants en croissance et en faire une trempette est une bonne façon de leur donner envie d'en manger. Cette variante des biscottes Melba se prépare en un tournemain et donne des tranches fines et croustillantes, mais assez solides pour résister aux trempettes.

Mettre tous les ingrédients, sauf le pain, dans le robot culinaire, saler et poivrer. Bien mélanger en mode pulsation. Transférer dans un bol et réfrigérer 1 à 2 heures (en refroidissant, la trempette épaissira un peu).

Pour réaliser les biscottes, abaisser le pain à l'aide d'un rouleau à pâtisserie jusqu'à ce qu'il soit mince. Enlever les croûtes des tranches de pain à l'aide d'un couteau et les faire griller au grille-pain (les couper en deux si les tranches sont trop grandes) ou sous le gril environ 2 minutes, en les tournant une fois, jusqu'à ce qu'elles soient dorées et croustillantes. Les placer dans un porte-toasts ou légèrement inclinées à la verticale 1 à 2 minutes pour leur permettre de devenir croustillantes; les couper en lanières. Servir accompagnées de la trempette. La trempette se conserve au réfrigérateur pendant 2 à 3 jours.

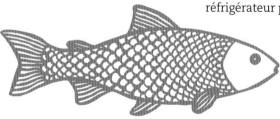

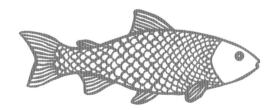

Rouleaux de saumon fumé

La combinaison new-yorkaise classique de saumon et fromage à la crème est appréciée autant par les adultes que par les enfants. Les bagels grillés sont facultatifs!

Mettre le fromage à la crème dans un bol et le fouetter jusqu'à ce qu'il soit ramolli. Y incorporer le jus de citron et l'aneth ou la ciboulette (si utilisée), et poivrer.
Coucher les tranches de saumon sur une surface plane. Les rouleaux peuvent être réalisés de deux façons: en cylindres comportant un centre de fromage uni ou en roulades qui, une fois tranchées, laissent voir des spirales. Se conservent au réfrigérateur, couverts, pendant 24 heures.

Pour des cylindres

Mettre une cuiller à soupe du mélange au fromage à l'une des extrémités étroites de chacune des tranches de saumon et l'étendre un peu en longueur. Rouler les tranches bien serré à partir de l'extrémité où se trouve le fromage afin de former un cylindre. Si possible, couvrir et réfrigérer pendant 2 à 3 heures pour solidifier un peu. Couper en quatre morceaux.

Pour des roulades

Tartiner une cuiller à soupe du mélange au fromage sur toute la surface de chacune des tranches de saumon. Rouler les tranches bien serré à partir de l'une des extrémités étroites. Si possible, couvrir et réfrigérer pendant 2 à 3 heures pour permettre au fromage de se solidifier un peu. Couper en cinq morceaux.

Préparation: 10 minutes, et le temps de réfrigération
Donne 4 portions
Peuvent être congelés; laisser décongeler au réfrigérateur jusqu'au lendemain.

50 g (2 oz) de fromage à la crème
½ c. à thé (à café) de jus de citron frais
½ c. à thé (à café) d'aneth haché ou de ciboulette ciselée (facultatif)
4 grandes tranches de saumon fumé
Sel et poivre au goût

Ne convient pas aux enfants de moins d'un an car ils sont trop salés.

Poulet succulent

Les enfants apprécient beaucoup le poulet. La viande brune contient deux fois plus de fer et de zinc que la viande blanche; elle est bénéfique pour le système immunitaire et aide à la croissance et au développement. Les croquettes de poulet, si populaires auprès des enfants, sont faciles à préparer et de meilleure qualité lorsque vous les faites vous-même. Le poulet grillé sur une plaque chauffante est tout aussi délicieux et prêt en quelques minutes. Or, veillez à ce qu'il soit complètement cuit pour éviter le risque d'une intoxication alimentaire causée par la salmonelle.

Doigts de poulet au parmesan

🍲 Préparation : 15 minutes
🕐 Temps de cuisson : 6 minutes
🍳 Donne 3 ou 4 portions
☺ Conviennent aux enfants de moins d'un an
❄ Se congèlent bien : mettre les doigts crus et panés sur une tôle à biscuits tapissée d'une pellicule plastique. Les couvrir d'une deuxième pellicule plastique et les congeler jusqu'à ce qu'ils soient fermes avant de les transférer dans un sac à congélation. Les faire cuire directement du congélateur, en ajoutant 1 minute de cuisson. Ne doivent pas être réchauffés, mais sont délicieux froids.

125 g (¼ de lb) de poitrine de
    poulet désossée
1 blanc d'œuf
50 g (2 oz) de parmesan râpé
Poivre noir au goût

Truc
Cette recette convient bien aux enfants allergiques au blé ou au gluten. Les restes peuvent être utilisés dans la Salade de pâtes méli-mélo (p. 117).

Les enfants raffolent du mariage fromage et poulet. Ils aimeront peut-être vous aider à préparer ces croque-en-doigts faciles à réaliser. Assurez-vous de bien aplatir la poitrine de poulet pour en accélérer la cuisson. Ils peuvent être servis chauds, accompagnés de ketchup ou de ma Sauce tomate minute (voir p. 32), ou froids en sandwich avec de la mayonnaise et de la laitue.

Couper la poitrine de poulet en deux à l'horizontale. Mettre les deux morceaux de poulet entre deux pellicules plastique et les frapper à l'aide d'un maillet à viande ou un rouleau à pâtisserie jusqu'à une épaisseur de 0,5 cm (¼ de po). Retirer la pellicule plastique et couper les poitrines en petites lanières d'environ 5 cm (2 po) de longueur.

Battre le blanc d'œuf en neige avec une pincée de poivre jusqu'à ce qu'il soit mousseux. Couvrir du parmesan le fond d'une grande assiette. Tremper les lanières de poulet dans le blanc d'œuf et les enrober ensuite de parmesan.

Préchauffer le gril au maximum et tapisser une plaque à griller de papier aluminium. Faire griller le poulet 2 à 3 minutes jusqu'à ce que le fromage soit doré. Tourner les lanières et les faire griller pendant 2 à 3 minutes de plus, jusqu'à ce qu'elles soient bien cuites. Laisser tiédir avant de servir.

Brochettes de poulet cajun avec salsa à la mangue

Vous pouvez aussi utiliser du paprika fumé espagnol offert dans certains supermarchés.

Préchauffer le gril à température maximale. Mélanger le poulet avec le paprika, l'ail, l'huile de tournesol et le poivre noir. Embrocher les languettes de poulet sur huit brochettes. Déposer les languettes sur une tôle à biscuits légèrement huilée et les faire griller environ 3 à 4 minutes de chaque côté ou jusqu'à ce que le poulet soit complètement cuit.

   Pour la salsa: mélanger tous les ingrédients, sauf la coriandre, le sel et le poivre; réserver. Tout juste avant de servir, ajouter la coriandre et bien saler et poivrer. Pour les tout-petits, retirer le poulet des brochettes avant de le servir.

🍳 Préparation: 5 minutes
🕐 Temps de cuisson: 8 minutes
🍽 Donne 8 brochettes
ou 4 portions
❄ Ne peuvent être congelées ni réchauffées

250 g (½ lb) de poitrine de poulet sans peau en languettes
Une pincée de paprika
1 ou 2 gousses d'ail broyées
1 c. à soupe d'huile de tournesol
Poivre noir au goût
Quatre brochettes de bois ayant trempé dans de l'eau au moins 30 minutes

Pour la salsa à la mangue
½ petit oignon rouge en très petits dés
½ petite mangue en très petits dés
½ c. à thé (à café) de vinaigre de riz
Le jus de ½ lime
1 c. à soupe de coriandre hachée
Sel et poivre, au goût

Mini-hamburgers au poulet ou au dindon

🍲 Préparation : 15 minutes
🕐 Temps de cuisson : 24 minutes (en 3 lots)
🍥 Donne 22 hamburgers
❄ Se congèlent bien : déposer des cuillers à thé (à café) du mélange sur une tôle à biscuits tapissée d'une pellicule plastique. Couvrir d'une autre pellicule plastique et congeler jusqu'à ce que les morceaux soient fermes avant de les transférer dans un sac à congélation. Décongeler pendant la nuit au réfrigérateur et faire cuire selon les directives ci-contre. Ne se réchauffent pas.

3 tranches de pain blanc
    sans croûte
4 c. à soupe de lait
1 oignon rouge haché
1 c. à soupe d'huile d'olive
1 gousse d'ail broyée
250 g (1/2 lb) de poulet ou de
    dindon haché
2 c. à thé (à café) de sauce soja
    foncée
3 c. à soupe de chutney aux
    tomates
1 c. à thé (à café) de purée de
    tomates
2 c. à soupe d'huile de tournesol
    pour frire
Sel et poivre au goût

Voici de délicieux petits hamburgers. Vous pouvez en doubler la taille pour des enfants plus âgés. Servir sur des Pains à hamburgers miniatures (p. 116).

Mettre le pain dans le robot culinaire et le réduire en miettes. Ajouter le lait et laisser tremper. Entre-temps, faire revenir l'oignon 5 minutes dans l'huile d'olive jusqu'à ce qu'il soit tendre. Ajouter l'ail et laisser cuire 1 minute de plus. Transférer dans le robot culinaire et ajouter le reste des ingrédients. Saler et poivrer, et hacher au robot pendant 1 minute.

Faire chauffer l'huile de tournesol dans une grande poêle à frire. Déposer le mélange dans la poêle, une cuiller à soupe à la fois. Appuyer légèrement sur chacun des hamburgers à l'aide d'une cuiller mouillée. Faire revenir pendant 2 à 3 minutes jusqu'à ce qu'ils soient dorés et complètement cuits.

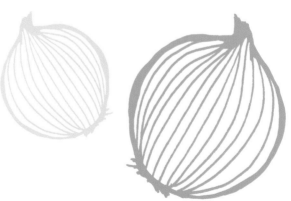

Croquettes de poulet croustillantes

Vous pouvez omettre l'étape de la marinade si vous préférez. Couper les poitrines de poulet en cubes de 1,5 cm (½ po); les mettre dans un bol. Mélanger le lait, l'ail, le thym, le jus du citron, ¼ de c. à thé (à café) du sel et un peu de poivre (le mélange se séparera un peu), et verser sur le poulet. Couvrir et laisser mariner au réfrigérateur 4 heures ou toute la nuit.

Réduire le riz soufflé en fines miettes au robot. Ajouter les fromages, saler et poivrer au goût et mélanger au robot. Transférer dans une grande assiette. Battre l'œuf dans un petit bol avec la cuiller à soupe de lait. Mélanger la farine et un peu de sel et de poivre; en couvrir le fond d'une grande assiette. Retirer les morceaux de poulet de la marinade, en éliminant l'excédent, les fariner, les tremper dans l'œuf et les enrober de la chapelure de riz soufflé. Faire chauffer l'huile à feu moyen dans une grande poêle antiadhésive. Faire griller les croquettes 2 à 3 minutes de chaque côté, jusqu'à ce qu'elles soient dorées et croustillantes. Égoutter sur du papier absorbant et laisser tiédir avant de servir.

Méthode au four

Préchauffer le four à 200 ºC/400 ºF/gaz 6/chaleur tournante 180 ºC. N'utiliser que 2 c. à soupe d'huile; en ajouter une aux miettes de riz soufflé avec le fromage et bien mélanger au robot (arrêter une ou deux fois pour remuer). Graisser une tôle à biscuits avec l'huile restante. Paner les morceaux de poulet et les déposer sur la tôle à biscuits graissée. Faire cuire au four pendant 15 minutes, en les tournant à mi-cuisson.

Préparation: 20 minutes
Temps de cuisson: 12 minutes
Donne 4 portions
Se congèlent bien: mettre les croquettes crues panées sur une tôle à biscuits tapissée d'une pellicule plastique. Couvrir d'une autre pellicule plastique et congeler avant de les transférer dans un sac à congélation. Les faire cuire directement du congélateur, en ajoutant 1 minute de cuisson (dans l'huile) ou 3 à 4 minutes (au four). Ne se réchauffent pas.

200 g (7 oz) de poitrine de poulet désossée et sans peau
100 ml (3 ½ oz) de lait, et 1 c. à soupe pour l'œuf
1 gousse d'ail broyée
1 c. à thé (à café) de thym frais
1 c. à soupe de jus de citron frais
45 g (1 ½ oz) de riz soufflé
15 g (½ oz) de cheddar râpé
1 c. à soupe de parmesan râpé
1 œuf
4 c. à soupe de farine
3 à 4 c. à soupe d'huile de tournesol pour frire
Sel et poivre noir

Truc

Variante pour la marinade: utiliser ½ c. à thé (à café) d'origan ou de thym séché, et ajouter paprika, cayenne ou tabasco

Pilons collants au soja

◉ Préparation: 5 minutes, et le
temps pour faire mariner
🕐 Cuisson: 35 à 40 minutes
🍽 Donne 6 pilons
❄ Peuvent être congelés et se
réchauffent
Les pilons crus peuvent être
congelés avec leur marinade dans
un sac à congélation. Décongeler
pendant la nuit au réfrigérateur
et faire cuire selon les directives
ci-contre. Peuvent être réchauffés
pendant un maximum de
30 secondes au micro-ondes;
sinon, ils deviennent trop secs.
Par contre, ils sont délicieux
servis froids.

6 petits pilons de poulet sans peau
2 c. à soupe de sauce soja
4 c. à soupe de jus d'orange
1 c. à thé (à café) de gingembre
    râpé
1 gousse d'ail broyée
2 c. à soupe de sirop d'érable

Ces pilons sont glacés d'un succulent mélange de sauce soja, de gingembre et de sirop d'érable. C'est collant, aussi n'oubliez pas les lingettes! Je préfère les pilons sans peau qui sont moins gras, mais les pilons avec peau conviennent aussi.

Faire quelques entailles dans la chair de chaque pilon; les mettre dans un bol ou un sac à congélation refermable. Mélanger la sauce soja, le jus d'orange, le gingembre et l'ail, verser sur le poulet et remuer ou secouer pour bien enduire le poulet de la marinade. Couvrir le bol ou sceller le sac et laisser mariner au réfrigérateur 2 heures ou toute la nuit.

Préchauffer le four à 200 °C/400 °F/gaz 6/chaleur tournante 180 °C. Retirer les pilons de la marinade et les déposer dans un petit plat de cuisson tapissé de papier aluminium; verser le reste de la marinade sur les pilons. Couvrir le plat d'une feuille d'aluminium et faire cuire pendant 20 minutes.

Retirer la feuille d'aluminium, arroser le poulet avec le jus de cuisson et verser le sirop d'érable en filet sur les pilons. Faire cuire au four 15 à 20 minutes de plus, en arrosant les pilons toutes les 5 minutes, jusqu'à ce qu'ils soient complètement cuits et enrobés d'un glacé collant.

Le sucre du glacé risque d'être très chaud; il est préférable de laisser les pilons tiédir un peu avant de les servir. Se conservent au réfrigérateur pendant 2 jours.

Brochettes de poulet au miel et à la moutarde de Dijon

J'aime beaucoup la moutarde au miel dont je me suis inspirée pour la marinade de cette recette. Vous pouvez utiliser de la moutarde à l'ancienne si vos enfants aiment les aliments plus relevés, mais je trouve qu'elle est un peu trop forte pour les plus jeunes.

Dans un petit bol, mélanger le miel, la moutarde, l'ail, l'huile d'olive et le jus du citron. Ajouter le poulet à la marinade, couvrir et laisser mariner au réfrigérateur jusqu'au lendemain.

   Préchauffer le gril au maximum et tapisser une plaque à griller de papier aluminium. Retirer le poulet de la marinade et enfiler les morceaux sur les brochettes. Déposer les brochettes sur le papier aluminium et les arroser de la marinade qui reste. Faire griller le poulet pendant 3 à 4 minutes de chaque côté, jusqu'à ce qu'il soit entièrement cuit.

   Laisser tiédir avant de servir. Pour les plus petits, retirer le poulet des brochettes et le couper en bouchées.

Préparation: 5 minutes, et le temps pour faire mariner
Temps de cuisson: 8 minutes
Donne 4 brochettes ou 2 portions
Se congèlent bien: vous pouvez congeler le poulet dans la marinade en portions individuelles. Laisser décongeler au réfrigérateur pendant la nuit ou pendant 45 minutes à la température ambiante. Faire cuire tel que suggéré ci-contre. Il n'est pas recommandé de les faire réchauffer. Elles sont délicieuses servies froides.

1 c. à soupe de miel clair
½ c. à thé (à café) de moutarde de Dijon
½ petite gousse d'ail broyée
1 c. à soupe d'huile d'olive
½ c. à thé (à café) de jus de citron
110 g (¼ de lb) de poitrine de poulet désossée sans peau, tranchée en 4 sur la longueur, ou en cubes de 2 cm (¾ de po)
Quatre brochettes de bois, ayant trempé dans de l'eau au moins 30 minutes

Rissoles au poulet

🍲 Préparation: 20 minutes
(incluant 10 minutes de
trempage)
🕐 Temps de cuisson: 22 minutes
🍥 Donne 12 rissoles
❄ Peuvent être congelées

175 g (6 oz) de chapelure de pain
    blanc sans croûte
1 1/2 c. à soupe de lait
150 g (5 oz) de carottes râpées
150 g (5 oz) de courgette râpée
2 c. à soupe d'huile de tournesol
150 g (5 oz) d'oignon haché
1 gousse d'ail broyée
200 g (7 oz) de poulet haché
1 c. à thé (à café) d'origan séché
1 c. à soupe de ketchup
1/2 c. à soupe de sirop d'érable
1 c. à thé (à café) de sauce soja
1/2 c. à thé (à café) de sauce
    Worcestershire
1/2 c. à thé (à café) de vinaigre
    balsamique
1/2 c. à thé (à café) de sucre
    semoule
Sel et poivre, au goût

Pour l'enrobage
4 c. à soupe de farine
1 œuf, battu
3 1/2 c. à soupe d'huile pour frire
Sel et poivre, au goût

Vous pouvez camoufler des légumes à l'intérieur de ces succulentes rissoles au poulet. Préparez-en de grandes quantités et congelez-les sur une tôle à biscuits tapissée d'une pellicule plastique. Une fois congelées, emballez-les individuellement dans une pellicule plastique; vous pourrez ainsi en faire décongeler le nombre désiré.

Mettre 75 g (3 oz) de chapelure dans un bol, y ajouter le lait et laisser tremper pendant 10 minutes. Essorer les carottes et courgette râpées pour en extraire un peu d'eau.

Faire chauffer l'huile de tournesol dans une poêle à frire et faire revenir l'oignon pendant 3 minutes, en remuant de temps à autre. Ajouter l'ail et faire cuire pendant 30 secondes. Ajouter les carottes et la courgette, en remuant pendant 5 minutes à feu doux. Transférer dans une assiette et laisser tiédir.

Mélanger la chapelure trempée dans le lait, le poulet, les légumes cuits et le reste des ingrédients; saler et poivrer légèrement.

Pour paner les rissoles, couvrir le fond d'une grande assiette avec la farine. Battre l'œuf dans un petit bol. Les mains farinées, façonner des rissoles avec le mélange, les passer dans la farine, ensuite dans l'œuf battu, ensuite dans la chapelure. Faire chauffer l'huile dans une poêle et faire frire les rissoles pendant 12 minutes, en les tournant de temps à autre, jusqu'à ce qu'elles soient bien dorées.

Marinades pour le poulet

Les marinades ajoutent de la saveur, mais servent aussi à attendrir le poulet. Vous pouvez faire mariner des lanières de poulet cru et les congeler afin qu'elles soient déjà marinées et prêtes à faire cuire.

Tomate balsamique, Citron et thym, et Soja spéciale

Pour chaque marinade, mélanger tous les ingrédients, verser le mélange dans un sac refermable ou un bol, et laisser le poulet mariner au réfrigérateur pendant au moins 1 heure. Saler et poivrer le poulet avant de le faire cuire, mais ne pas ajouter de sel ni de poivre aux marinades.

Au moment voulu, préchauffer le gril à température maximale. Tapisser une tôle à biscuits de papier aluminium et faire griller les mini-filets de poulet pendant 3 à 4 minutes chaque côté. Les filets peuvent aussi être cuits sur une plaque chauffante.

🍲 Préparation: 5 à 10 minutes, et le temps pour faire mariner
🕐 Temps de cuisson: 8 à 10 minutes
🍽 Donne 2 à 4 portions
❄ Peuvent être congelées. Ne se réchauffent pas.

Pour chaque marinade
110 g (¹/₄ de lb) de poitrine de poulet désossé, en 4 languettes
4 brochettes de bois ayant trempé dans de l'eau pendant 30 minutes

Tomate balsamique
3 tomates cerises
3 tomates séchées au soleil
2 c. à soupe d'huile d'olive
¹/₂ c. à soupe de vinaigre balsamique
¹/₂ c. à thé (à café) de cassonade
¹/₂ c. à thé (à café) de purée de tomates

Citron et thym
¹/₄ de c. à thé (à café) de feuilles de thym frais
1 petite gousse d'ail broyée
2 c. à soupe d'huile d'olive
2 c. à thé (à café) de jus de citron

Soja spéciale
¹/₄ de c. à thé (à café) de gingembre râpé
1 c. à thé (à café) de sauce soja
1 c. à thé (à café) de vinaigre de riz
¹/₂ c. à thé (à café) de purée de tomates
¹/₂ c. à thé (à café) de jus de citron frais
¹/₂ c. à thé (à café) de cassonade
1 c. à soupe d'huile de tournesol

Poulet barbecue

🍳 Préparation: 5 à 10 minutes, et le temps pour faire mariner
🕐 Temps de cuisson:
8 à 10 minutes
🍽 Donne 2 à 4 portions
❄ Peuvent être congelés. Ne se réchauffent pas.

110 g (¼ de lb) de mini-filets ou de poitrine de poulet désossée, sans peau, coupée en 4 languettes
4 brochettes de bois ayant trempé dans de l'eau pendant 30 minutes

Pour la marinade
2 c. à soupe de ketchup
1 c. à soupe de sirop d'érable
¼ de c. à thé (à café) de sauce soja
2 ou 3 gouttes de sauce Worcestershire

L'été, vous pouvez faire griller votre poulet mariné sur le barbecue. Pour ma part, je préfère utiliser du poulet non désossé pour la cuisson au barbecue parce qu'il se dessèche moins. Vous pouvez toujours enlever la viande de l'os avant de servir. Assurez-vous que le poulet est complètement cuit.

Mélanger tous les ingrédients, verser le mélange dans un sac refermable ou un bol, et laisser le poulet mariner au réfrigérateur pendant au moins 1 heure. Saler et poivrer le poulet avant de le faire cuire, mais ne pas ajouter de sel ni de poivre aux marinades.

  Au moment voulu, préchauffer le gril à la température maximale. Tapisser une tôle à biscuits de papier aluminium et faire griller les mini-filets de poulet pendant 3 à 4 minutes de chaque côté. Les filets peuvent aussi être cuits sur une plaque chauffante.

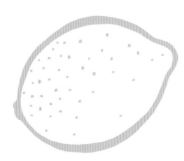

Brochettes de poulet au cari

Les saveurs de cari doux plaisent parfois beaucoup aux enfants. Utilisez une pâte de cari plus relevée si vous voulez, pourvu que vos enfants aiment les mets épicés!

Dans un bol, mélanger le yogourt, la pâte de cari ou le korma, le miel et le jus de citron. Ajouter le poulet et remuer de façon à bien l'enduire de marinade. Couvrir et laisser mariner au réfrigérateur jusqu'au lendemain.

Préchauffer le gril au maximum et tapisser une plaque à griller de papier aluminium. Retirer le poulet de la marinade et enfiler les morceaux sur les brochettes. Déposer les brochettes sur le papier aluminium et les arroser de la marinade qui reste. Faire griller le poulet pendant 3 à 4 minutes de chaque côté, jusqu'à ce qu'il soit entièrement cuit.

Laisser tiédir avant de servir. Pour les plus petits, retirer le poulet des brochettes et le couper en bouchées. Les brochettes sont aussi délicieuses froides (les réchauffer n'est pas recommandé).

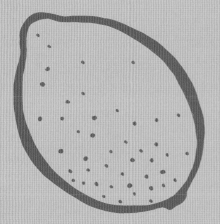

Préparation: 5 minutes, et le temps pour faire mariner
Temps de cuisson: 8 minutes
Donne 4 brochettes ou 2 portions
Se congèlent bien: vous pouvez congeler le poulet cru dans sa marinade en portions individuelles. Laisser décongeler au réfrigérateur pendant la nuit ou pendant 45 minutes à la température ambiante.

2 c. à soupe de yogourt grec
1 c. à thé (à café) de pâte de cari doux ou de korma
½ c. à thé (à café) de miel clair
½ c. à thé (à café) de jus de citron frais
110 g (4 oz) de poitrine de poulet désossée sans peau, tranchée en 4 lanières, ou en cubes de 4 cm (1 ½ po)
Quatre brochettes de bois, ayant trempé dans de l'eau pendant au moins 30 minutes

Wontons au poulet et aux crevettes

🍳 Préparation: 15 minutes
🕐 Temps de cuisson: 8 minutes
🍚 Donne 10 wontons
❄ Se congèlent bien: lire les directives ci-contre. Ne doivent pas être réchauffés

Pour la garniture

125 g (¼ de lb) de poulet ou de porc haché
125 g (¼ de lb) de crevettes géantes crues décortiquées, déveinées et hachées
1 gros oignon vert haché
¼ de c. à thé (à café) de gingembre râpé
1 c. à soupe de sauce soja
1 c. à soupe de saké
1 c. à thé (à café) d'huile de sésame
2 c. à thé (à café) de fécule de maïs
10 feuilles pour wontons

Pour la trempette

1 c. à soupe de sauce soja
1 c. à soupe d'eau
2 c. à thé (à café) de vinaigre de riz
1 c. à soupe de cassonade
½ c. à thé (à café) d'huile de sésame grillé
¼ de c. à thé (à café) de gingembre râpé

Les wontons ne sont pas très difficiles à réaliser. Mes enfants les avalent en moins de 3 minutes.

Dans un bol, bien mélanger les ingrédients de la garniture.

Coucher une feuille de wonton sur une planche à découper et en humecter le pourtour.

Déposer 2 c. à thé (à café) de la garniture au centre de la feuille et en réunir les quatre coins sans toutefois sceller. Appuyer délicatement sur la feuille de wonton de façon à la faire coller à la garniture et former une pochette ronde et entrouverte au centre. Déposer les wontons sur une tôle à biscuits tapissée d'une pellicule plastique, et les couvrir d'une autre pellicule plastique. Répéter avec le reste des feuilles de wonton et de la garniture.

Huiler le fond d'une marguerite en bambou ou en acier inoxydable et la tapisser de papier ingraissable. Retirer les wontons du plastique et les mettre dans la marguerite, couvrir, et poser au-dessus d'une casserole d'eau bouillante en veillant à ce que l'eau n'y touche pas. Faire cuire à la vapeur 6 à 8 minute.

Pour la sauce à tremper: mélanger tous les ingrédients jusqu'à ce que la cassonade soit dissoute (si elle ne se dissout pas, faire chauffer la sauce à feu doux).

Peuvent être congelés: faire congeler les wontons crus couverts d'une pellicule plastique 2 à 3 heures jusqu'à ce qu'ils soient durs. Les transférer dans un sac à congélation; se conservent un mois au congélateur. Les faire cuire à la vapeur directement du congélateur en augmentant le temps de cuisson de 5 à 6 minutes.

Ailes de poulet à la chinoise

🍲 Préparation: 5 minutes
🕐 Temps de cuisson: 35 minutes
🍥 Donne 3 ou 4 portions
❄ Peuvent être congelées: les ailes de poulet crues peuvent être congelées dans leur marinade. Décongeler pendant la nuit au réfrigérateur et faire cuire selon les directives ci-contre.

1 gousse d'ail broyée
1/2 c. à thé (à café) de gingembre râpé
1 échalote hachée
2 c. à soupe de sauce d'huîtres
2 c. à soupe de sauce soja
1 c. à thé (à café) de vinaigre de riz
1 c. à table de miel clair
6 ailes de poulet, les extrémités des ailes enlevées et coupées en deux à l'articulation

Difficile de résister au poulet sucré et collant à souhait, et ces ailes de poulet à la chinoise ne font pas exception. Dans le cas improbable qu'il en reste, elles sont tout aussi délicieuses servies froides.

Dans un grand bol, mélanger tous les ingrédients, sauf le poulet. Ajouter les ailes de poulet et bien les enrober de la marinade. Couvrir et laisser mariner jusqu'au lendemain, en tournant les ailes une fois (elles peuvent aussi être marinées dans un grand sac de plastique refermable).

Préchauffer le four à 200 °C/400 °F/gaz 6/chaleur tournante 180 °C. Tapisser de papier aluminium une petite rôtissoire. Renverser les ailes et leur marinade dans la rôtissoire et les couvrir d'une autre feuille d'aluminium. Les faire rôtir pendant 20 minutes, retirer la feuille d'aluminium du dessus et faire rôtir 15 à 20 minutes de plus, en les tournant toutes les 5 minutes, jusqu'à ce qu'elles soient complètement cuites, lustrées et collantes.

Laisser tiédir avant de servir – le glacé collant peut être brûlant à la sortie du four. Les restes peuvent être conservés au réfrigérateur pendant 2 jours (les réchauffer n'est pas conseillé).

Mini-saucisses au poulet

🍳 Préparation: 10 minutes
🕐 Temps de cuisson: 6 minutes
🍥 Donne 6 saucisses
☺ Conviennent aux enfants de moins d'un an
❄ Les réchauffer est déconseillé.

½ petit oignon rouge en dés
1 c. à soupe d'huile d'olive
2 c. à soupe de chapelure fraîche faite d'une demi-tranche de pain blanc, sans croûte
125 g (¼ de lb) de poulet haché
½ grosse pomme pelée et râpée
1 c. à thé (à café) de persil haché
2 c. à soupe de parmesan râpé
½ cube de bouillon de poulet dissous dans ½ c. à soupe d'eau bouillante
1 c. à soupe de farine
3 à 4 c. à soupe d'huile de tournesol pour frire

Le mariage de pomme râpée, d'oignon rouge sauté et de parmesan donne à ces petites saucisses une saveur délectable. Elles sont tout aussi délicieuses servies chaudes que froides, et sont idéales pour les petits doigts.

Dans une poêle, faire revenir l'oignon dans l'huile pendant 5 minutes. Mettre l'oignon dans le robot culinaire avec la chapelure, le poulet, la pomme râpée, le persil, le parmesan et le demi-cube de bouillon et bien mélanger. Façonner des cuillerées à soupe du mélange en forme de saucisses; réfrigérer pendant 1 heure.

Mettre la farine dans une assiette et y rouler les saucisses. Faire chauffer l'huile de tournesol dans une poêle et faire frire les saucisses pendant 5 minutes à feu moyen, en les tournant fréquemment jusqu'à ce qu'elles soient dorées.

Brochettes de poulet satay

Les mini-filets de poulet sont utiles car ils sont prêts à utiliser, mais il est facile d'en faire à partir d'une poitrine de poulet si c'est ce dont vous disposez. Il est rare que j'offre la trempette aux tout-petits – le poulet satay est tellement savoureux tel quel, que les enfants le mangent sans le tremper.

Dans un bol moyen, mélanger le gingembre, l'ail, le jus de lime, la sauce soja, le miel et le beurre d'arachide. Ajouter les filets de poulet et bien les enduire de marinade. Couvrir et laisser mariner au réfrigérateur pendant au moins 30 minutes, ou jusqu'au lendemain.

Préchauffer le gril au maximum et tapisser une plaque à griller de papier aluminium. Retirer le poulet de la marinade et enfiler un morceau par brochette. Déposer les brochettes sur le papier aluminium et les arroser de la marinade qui reste. Faire griller le poulet pendant 3 à 4 minutes chaque côté, jusqu'à ce qu'il soit entièrement cuit.

Pour la trempette satay: mettre tous les ingrédients dans une petite casserole et faire fondre à feu doux, en remuant continuellement. Porter à ébullition et laisser cuire pendant 1 minute pour épaissir. Retirer du feu et laisser tiédir à la température ambiante avant de servir.

Servir les brochettes de poulet accompagnées de la trempette. Pour les plus petits, retirer le poulet des brochettes et le couper en bouchées. Délicieuses froides (les réchauffer n'est pas recommandé).

⏲ Préparation: 5 minutes, et le temps pour faire mariner
🕐 Temps de cuisson: 10 minutes (y compris la sauce)
🍽 Donne 4 brochettes ou 2 portions
❄ Se congèlent bien: Congelez le poulet cru dans la marinade en portions individuelles. Laisser décongeler au réfrigérateur pendant la nuit ou 45 minutes à la température ambiante. Les réchauffer est déconseillé.

½ c. à thé (à café) de gingembre râpé
½ gousse d'ail broyée
2 c. à thé (à café) de jus de lime
2 c. à thé (à café) de sauce soja
2 c. à thé (à café) de miel clair
4 c. à thé (à café) de beurre d'arachide
110 g (¼ de lb) de poitrine de poulet désossée sans peau, tranchée en 4 sur la longueur
Quatre brochettes de bois ayant trempé dans de l'eau pendant au moins 30 minutes

Pour la trempette (facultatif)
50 g (2 oz) de beurre d'arachide
3 c. à soupe de lait de coco
2 c. à soupe d'eau
2 c. à thé (à café) de sauce chili sucrée
½ c. à thé (à café) de sauce soja

Pilons à l'abricot et Dijon

🍲 Préparation: 5 minutes, et le temps pour faire mariner

🕐 Faire cuire pendant 30 à 35 minutes

🥧 Donne 6 pilons

❄ Peuvent être congelés et réchauffés. Les pilons crus peuvent être congelés dans leur marinade dans un sac à congélation. Décongeler pendant la nuit au réfrigérateur et faire cuire selon les directives ci-contre. Ils peuvent être réchauffés, seulement au micro-ondes, sinon ils se dessécheront.

3 c. à soupe de confiture d'abricots

2 c. à thé (à café) de moutarde de Dijon

1 c. à thé (à café) de jus de citron frais

600 g (1 ¼ lb) de pilons de poulet sans peau (environ 6) ou avec la peau, au goût

Un peu de sel et de poivre noir

La combinaison fruit et moutarde peut sembler inhabituelle, mais le mariage des saveurs sucrée et piquante plaira sûrement à toute la famille.

Dans un petit bol, mélanger la confiture, la moutarde et le jus de citron. Faire quelques entailles dans la chair de chaque pilon; les mettre dans un bol ou un sac à congélation refermable. Y verser la marinade et bien en enduire les pilons. Couvrir le bol ou refermer le sac et laisser mariner au réfrigérateur pendant 4 heures ou toute la nuit.

Préchauffer le four à 200 °C/400 °F/gaz 6/chaleur tournante 180 °C. Mettre les pilons dans un plat de cuisson tapissé de papier aluminium; saler et poivrer. Verser sur les pilons la marinade qui reste dans le bol ou le sac, couvrir d'un papier aluminium et faire cuire pendant 20 minutes. Retirer le papier aluminium du dessus, arroser les pilons avec le jus de cuisson. Faire cuire, à découvert, pendant 10 à 15 minutes de plus, en les arrosant toutes les 5 minutes avec les jus de cuisson, jusqu'à ce que le poulet soit complètement cuit. Laisser tiédir un peu avant de servir encore chauds ou servir froids. Ils se conservent au réfrigérateur pendant 2 à 3 jours.

Rouleaux de printemps santé

Préparation: 5 minutes
Temps de cuisson: 7 minutes
Donne 2 portions
Ne peuvent être congelés ni réchauffés

1 c. à thé (à café) d'huile de tournesol
110 g (¼ de lb) de poitrine de poulet désossée sans peau, en fines lanières
1 petite carotte pelée et râpée
Une poignée de germes de haricots
1 oignon vert tranché
½ c. à thé (à café) de sauce soya foncée
1 c. à soupe de sauce aux prunes
2 tortillas au blé

Truc

Si les rouleaux s'ouvrent, les piquer d'un bâtonnet à cocktail lorsque vous les tournez pour les faire griller. Retirer les bâtonnets à cocktail avant de les servir.

Les rouleaux de printemps sont un vrai délice, mais parce qu'ils sont cuits à grande friture, ils sont un peu malsains, et compliqués à réaliser à la maison. J'ai donc concocté une variante santé et facile à faire qui est tout aussi croustillante et délicieuse que la variante frite.

Préchauffer le gril à température maximale. Faire chauffer l'huile dans un wok ou une poêle à frire, et faire sauter le poulet 2 minutes. Ajouter les légumes et les faire sauter 2 minutes, jusqu'à ce que le poulet soit complètement cuit et que les légumes soient un peu tendres (mais pas mous). Incorporer la sauce soja et 1 c. à thé (à café) de sauce aux prunes; retirer du feu.
Tartiner les deux tortillas du reste de la sauce aux prunes. Diviser la garniture entre les deux tortillas en veillant à la mettre dans la partie inférieure de chacune. Plier les deux côtés de la tortilla vers le centre et la rouler à partir du bas de façon à emprisonner complètement la garniture.
Déposer soigneusement les rouleaux farcis dans la rôtissoire, le joint vers le bas. Faire griller pendant 1 à 1 ½ minute, jusqu'à ce que le dessus soit croustillant et doré; les tourner et poursuivre la cuisson pendant 1 à 1 ½ minute de plus. Les surveiller de près car les rouleaux tendent à brûler facilement. Servir immédiatement.

Ailes de poulet Buffalo

Le nom «Buffalo» tient du fait que la recette provient de la région de Buffalo dans l'État de New York, où les ailes ont été servies la première fois. Habituellement, elles sont très épicées, mais cette variante adaptée pour les enfants est tout aussi délicieuse à s'en lécher les doigts!

Préchauffer le four à 200 °C/400 °F/gaz 6/chaleur tournante 180 °C. Couper les extrémités des ailes de poulet à l'articulation et les jeter.

Couper le reste de l'aile à l'articulation et poser les morceaux sur une tôle à biscuits. Saler, poivrer et saupoudrer d'un peu de paprika. Faire cuire au four pendant 40 à 45 minutes jusqu'à ce qu'elles soient dorées et croustillantes. Elles peuvent aussi être cuites sous le gril ou au barbecue, tournées fréquemment, pendant 20 à 30 minutes.

Entre-temps, mettre le ketchup, le bouillon, le beurre et la sauce chili dans une petite casserole. Faire chauffer à feu doux, en remuant, jusqu'à ce que le beurre ait fondu; retirer du feu. Mettre les ailes cuites dans un grand bol, y verser la sauce et bien remuer pour les en enduire. Remettre les ailes sur la tôle à biscuits et les faire cuire pendant 5 à 7 minutes de plus, jusqu'à ce qu'elles soient bien glacées, ou les passer sous le gril ou au barbecue pendant 2 à 3 minutes. Servir immédiatement.

Préparation: 10 minutes
Temps de cuisson: 45 minutes
Donne 3 ou 4 portions
Il est peu probable qu'il en reste, mais, si oui, les ailes froides se conservent au réfrigérateur jusqu'à 2 jours. Il faut éviter de les réchauffer, mais elles sont délicieuses servies froides! Ne doivent pas être congelées.

6 ailes de poulet entières
4 c. à soupe de ketchup
3 c. à soupe de bouillon de légumes
1 c. à soupe de beurre
1 à 2 c. à thé (à café) de sauce chili sucrée (ou au goût)
Paprika, sel et poivre

Belles bouchées de viande

La viande hachée plaît davantage aux jeunes enfants que les morceaux de viande plus difficiles à mâcher. Il est important d'inclure de la viande à l'alimentation de votre enfant parce qu'elle est une bonne source de fer. La carence en fer est la plus courante chez les jeunes enfants; elle entraîne de la fatigue, un manque de concentration et limite le développement mental et physique.

Boulettes en sauce barbecue

Les boulettes sont toujours appréciées des tout-petits parce qu'elles sont tendres et faciles à mastiquer. Cette sauce barbecue est une délicieuse variante de la sauce tomate habituelle.

Préchauffer le four à 200 °C/400 °F/gaz 6/chaleur tournante 180 °C. Faire revenir l'oignon dans l'huile pendant 5 à 6 minutes jusqu'à ce qu'il soit tendre.

Enlever les feuilles des tiges de thym pour en obtenir environ ¼ de c. à thé (à café) et les mettre dans un grand bol. Ajouter l'oignon, la chapelure, la viande hachée, le lait, le miel, le sel et le poivre, au goût.

Bien mélanger avec les mains. Façonner environ 25 boulettes d'une cuiller à thé (à café) et les déposer dans un grand plat de cuisson légèrement huilé. Faire cuire pendant 15 minutes.

Mélanger tous les ingrédients de la sauce, verser sur les boulettes et faire cuire pendant 20 à 25 minutes de plus, en remuant doucement une fois ou deux. Servir accompagnées de riz.

⏣ Préparation: 20 minutes
🕐 Temps de cuisson: 40 minutes
🍽 Donne 25 boulettes ou
4 portions
❄ Peuvent être congelées, dans la sauce. Laisser décongeler au réfrigérateur pendant la nuit. Les réchauffer au micro-ondes 30 secondes à 1 minute, selon le nombre de boulettes. Elles peuvent aussi être réchauffées 5 minutes dans une poêle, en ajoutant un filet d'eau si la sauce devient trop épaisse.

1 oignon rouge haché
1 c. à soupe d'huile d'olive
3 brins de thym frais
60 g (2 oz) de chapelure préparée à partir d'environ 3 tranches de pain sans croûte
250 g (½ lb) de bœuf haché
2 c. à soupe de lait
1 c. à thé (à café) de miel clair
Sel et poivre, au goût

Pour la sauce barbecue
100 ml (3 ½ oz) de ketchup
150 ml (5/8 de tasse) de jus d'orange
3 c. à soupe de miel clair
2 c. à soupe de sauce de soja
3 c. à soupe d'eau
1 gousse d'ail, broyée

Saucisses à l'érable et au gingembre

J'ai modernisé la recette de la sauce traditionnelle au miel en utilisant du sirop d'érable et une touche de gingembre frais. Ces saucisses sont bonnes chaudes ou froides. N'oubliez pas les lingettes pour essuyer les doigts et les visages.

Préchauffer le four à 200 °C/400 °F/gaz 6/chaleur tournante 180 °C. Mettre les saucisses dans une petite rôtissoire ou un plat de cuisson (tapissé de papier aluminium pour faciliter le nettoyage). Faire cuire pendant 10 minutes. Entre-temps, mélanger le sirop d'érable, la sauce soja et le gingembre.

Éliminer à l'aide d'une cuiller l'excédent de gras de la rôtissoire ou du plat de cuisson. Verser le mélange au sirop d'érable sur les saucisses et remuer pour bien les enrober. Faire cuire au four pendant 25 minutes, en remuant toutes les 10 minutes et en surveillant bien pendant les 5 dernières minutes de cuisson.

Transférer les saucisses dans une assiette ou un bol et les laisser tiédir 10 minutes avant de servir. Le glaçage risque d'être brûlant : vérifiez la température avant de les servir à des tout-petits. Les restes peuvent être conservés au réfrigérateur pendant 2 jours.

Préparation : 5 minutes
Temps de cuisson : 35 minutes
Donne 24 petites saucisses ou 4 à 6 portions
Ne peuvent être congelées ni réchauffées, mais sont bonnes froides.

24 saucisses cocktail
3 c. à soupe de sirop d'érable
1 c. à soupe de sauce soja foncée
½ c. à thé (à café) de gingembre râpé

Mini-boulettes à la sauce tomate

🍲 Préparation: 40 minutes
🕐 Temps de cuisson: 30 minutes, et 2 à 3 minutes de plus pour la garniture
🍽 Donne 8 à 12 portions
☺ Conviennent aux enfants de moins d'un an
❄ Les boulettes de viande cuites peuvent être congelées. Elles peuvent être réchauffées: les faire dorer, les laisser tiédir et les mélanger à la sauce tiédie. Faire réchauffer dans une poêle à feu doux 10 à 15 minutes ou 25 minutes dans un four préchauffé à 200 °C/400 °F/gaz 6/chaleur tournante 180 °C.

110 g (¼ de lb) de bœuf haché
110 g (¼ de lb) de veau haché
110 g (¼ de lb) de porc haché
30 g (1 oz) de chapelure fraîche de pain blanc
3 c. à soupe de lait
Une petite poignée de feuilles de persil hachées
2 c. à soupe de parmesan râpé
Sel et poivre au goût
2 à 3 c. à soupe d'huile de tournesol pour frire

Pour la sauce (suite p.102)
1 c. à soupe d'huile d'olive
1 oignon rouge moyen haché
1 gousse d'ail broyée
400 g (14 oz) de tomates hachées en conserve

Vous pouvez remplacer le veau ou le porc par du poulet haché, ou utiliser une seule sorte de viande.

Préparer la sauce. Faire chauffer l'huile dans une grande poêle et faire attendrir l'oignon 10 minutes. Ajouter l'ail, faire cuire 1 minute, et transférer la moitié de la quantité dans le robot culinaire. Ajouter les tomates, les purées, la cassonade, l'origan et le bouillon de légumes à l'oignon dans la poêle, porter à ébullition et laisser mijoter 25 minutes.

Pendant ce temps, ajouter la viande au robot. Hacher pendant une minute. Ajouter la chapelure, le lait, le persil, le parmesan; saler et poivrer, au goût. Mettre en mode pulsation et bien mélanger. Façonner le mélange en environ 30 petites boulettes de 1 c. à thé (à café). Elles peuvent être frites dans une poêle ou cuites au four.

Pour frire: chauffer l'huile dans une grande poêle antiadhésive et faire dorer 8 à 10 boulettes à la fois 2 à 3 minutes. Les égoutter sur du papier absorbant.

Au four: préchauffer le four à 200 °C/400 °F/gaz 6/chaleur tournante 180 °C en y plaçant une tôle à biscuits à rebord. Mettre 2 c. à soupe d'huile de tournesol sur la tôle à biscuits et ajouter les boulettes. Faire cuire au four 20 minutes en tournant à mi-cuisson.

Réduire la sauce en purée jusqu'à consistance lisse; saler et poivrer au goût et remettre dans la casserole en ajoutant les boulettes cuites. Laisser mijoter 5 à 10 minutes de plus. Servir avec des spaghettis ou dans des tranches épaisses de baguette évidées.

1 ½ c. à soupe de purée de tomates

1 c. à soupe de purée de tomates séchées au soleil

1 c. à thé (à café) de cassonade

¼ de c. à thé (à café) d'origan séché

50 ml (¼ de tasse) de bouillon de légumes

Garniture fromagée facultative

Transférer les boulettes de viande et la sauce dans un plat allant au four, parsemer les 110 g (¼ de lb) de cheddar ou de mozzarella et placer sous le gril préchauffé à température maximale 2 à 3 minutes, jusqu'à ce que le fromage soit doré et bouillonnant.

Pitas à la sauce à la viande

Des sandwichs parfois salissants mais délicieux! En utilisant des pains pitas, la garniture risque moins de s'échapper qu'avec un pain en tranches.

Faire chauffer l'huile dans un wok ou une grande poêle et faire revenir l'oignon et la carotte (si utilisée) pendant 4 minutes, jusqu'à ce qu'ils soient tendres. Ajouter l'ail et la viande hachée, et cuire 5 minutes de plus, jusqu'à ce que la viande soit dorée. Remuer régulièrement pour défaire la viande.

Ajouter la purée de tomates et le ketchup, et laisser cuire vivement pendant 4 à 5 minutes jusqu'à ce que la majeure partie du liquide soit évaporée et que la sauce soit épaisse. Entre-temps, faire chauffer les pitas pendant 1 minute; les ouvrir délicatement pour obtenir une pochette. À l'aide d'une cuiller, remplir les pitas du mélange à la viande (ne pas trop remplir) et les servir chauds. Les restes peuvent être conservés au réfrigérateur pendant 2 jours.

🍲 Préparation: 5 minutes
🕐 Temps de cuisson: 15 minutes
🍥 Donne 2 portions
❄ Peuvent être congelés et réchauffés. Le reste de sauce peut être congelé pendant 1 mois. Le réchauffer au micro-ondes 1 à 2 minutes, ou 5 minutes à feu moyen dans une petite casserole.

½ c. à soupe d'huile d'olive

½ petit oignon rouge haché

½ carotte moyenne râpée (facultatif)

½ petite gousse d'ail broyée

110 g (¼ de lb) de bœuf, de poulet ou de dindon haché

100 ml (3 ½ oz) de purée de tomates

2 c. à thé (à café) de ketchup

2 petits pains pitas ou 1 grand, coupés en deux

Mini-pains de viande

Cette variante croque-en-doigts spécialement pour les tout-petits du gros pain habituel est très appréciée. Glissez-en un dans un des Pains à hamburger miniatures (p. 116) pour un mini-sandwich au pain de viande!

Préchauffer le four à 200 °C/400 °F/gaz 6/chaleur tournante 180 °C. Mélanger le ketchup, la cassonade et la sauce Worcestershire dans un petit bol; réserver (si la cassonade ne se dissout pas, faire chauffer la sauce au micro-ondes 10 à 20 secondes, ou dans une casserole, à feu doux, pendant quelques minutes).

Mettre la chapelure et le lait dans un grand bol; laisser tremper 5 minutes. Dans une poêle, faire revenir l'oignon et l'ail dans l'huile d'olive 5 minutes. Ajouter l'oignon, le bœuf, le thym et 2 c. à soupe du mélange au ketchup à la chapelure. Saler et poivrer, et mélanger (pour une texture plus fine, passer au robot culinaire).

Répartir le mélange dans 16 cavités de moules à mini-muffins bien huilées (environ 1 c. à soupe par cavité). Badigeonner le dessus des petits pains de viande avec la moitié du reste du mélange au ketchup et faire cuire au four 15 minutes. Badigeonner à nouveau avec le mélange au ketchup et poursuivre la cuisson 15 minutes de plus. Retirer du four et laisser raffermir 10 minutes. Glisser la pointe d'un couteau autour de chacun des pains de viande et les retirer du moule. Servir tièdes ou froids. Les restes se conservent au réfrigérateur pendant 2 jours.

Préparation: 15 minutes
Temps de cuisson: 30 minutes
Donne environ 16 mini-pains de viande, ou 5 à 8 portions
Les pains de viande cuits peuvent être congelés. Ils peuvent être réchauffés, de préférence 10 à 15 secondes au micro-ondes, ou 10 à 15 minutes dans du papier aluminium dans un four à 180 °C/350 °F/gaz 4/chaleur tournante 160 °C.

5 c. à soupe de ketchup
1 c. à soupe de cassonade
1/4 de c. à thé (à café) de sauce Worcestershire
40 g (1 1/2 oz) de chapelure préparée à partir de 2 tranches de pain sans croûte
6 c. à soupe de lait
1 petit oignon rouge râpé
1 gousse d'ail broyée
2 c. à thé (à café) d'huile d'olive et peu plus pour graisser
225 g (1/2 lb) de bœuf haché
1/2 c. à thé (à café) de feuilles de thym frais hachées ou 1/4 de c. à thé (à café) de thym séché
Sel et poivre, au goût

Côtes levées barbecue
à la chinoise

🍲 Préparation: 5 minutes, et le
temps pour faire mariner
🕐 Temps de cuisson: 1 1/4 heure
🍽 Donne 4 portions
❄ Peuvent être congelées: les
côtes crues peuvent être
congelées dans leur marinade.
Faire décongeler pendant la nuit
et cuire tel qu'indiqué ci-contre.
Réchauffer les côtes n'est pas
idéal, mais vous pouvez le faire au
micro-ondes 1 minute à
température maximale ou à
200 °C/400 °F/gaz 6/chaleur
tournante 180 °C, emballées dans
du papier aluminium.

6 c. à soupe de jus d'orange frais
4 c. à soupe de ketchup
3 c. à soupe de sauce aux prunes
1 ½ c. à soupe de sauce hoisin
1 ½ c. à soupe de cassonade
900 g (2 lb) de petites côtes levées
   (environ 12)

Truc
Faire mariner les côtes levées
jusqu'au lendemain leur
permet de bien s'imprégner
de la saveur de la marinade.
Si vous manquez de temps,
enduisez les côtes de sauce
et faites-les cuire
immédiatement.

Les côtes levées sont faciles à tenir pour les enfants, et ils en sont habituellement très friands. La sauce hoisin est souvent connue sous le nom de «sauce barbecue chinoise». La marinade convient aussi particulièrement bien aux ailes de poulet.

Mélanger les ingrédients liquides et la cassonade dans un grand bol ou un sac refermable; ajouter les côtes levées à cette marinade et bien les enrober. Couvrir le bol, ou fermer le sac, et laisser mariner au réfrigérateur jusqu'au lendemain.

Préchauffer le four à 180 °C/350 °F/gaz 4/chaleur tournante 160 °C, et tapisser une petite rôtissoire de papier aluminium. Déposer les côtes levées dans la rôtissoire et les arroser avec la marinade qui reste dans le bol ou dans le sac. Couvrir la rôtissoire avec une deuxième feuille d'aluminium et faire cuire les côtes levées 30 minutes. Découvrir et faire cuire pendant 30 minutes de plus. Augmenter la température du four à 200 °C/400 °F/gaz 6/chaleur tournante 180 °C et faire cuire 10 à 15 minutes, en les tournant à mi-cuisson, jusqu'à ce qu'elles soient bien glacées et collantes.

Transférer dans une assiette et les laisser tiédir avant de servir. Vérifier la température des côtes avant de les servir – la marinade peut devenir très chaude et prendre du temps à refroidir.

Brochettes de bœuf au glaçage balsamique à la cassonade

Ce glaçage aigre-doux se marie très bien au bœuf. Les enfants plus jeunes risquent de trouver même un filet de bœuf trop «caoutchouteux». Vous pouvez remplacer le bœuf par du poulet.

Faire chauffer à feu moyen le vinaigre balsamique, la cassonade et l'eau dans une petite casserole. Porter à ébullition, en remuant continuellement. Réduire le feu et laisser mijoter 2 à 3 minutes, jusqu'à ce que la sauce ait réduit de moitié et ait l'air d'un sirop (le glaçage forme une couche mince au fond de la casserole lorsqu'elle est inclinée).

Verser dans un bol et laisser tiédir pendant 5 minutes. Ajouter les morceaux de bœuf et bien les enrober de sauce. Laisser mariner 10 à 15 minutes. Préchauffer le gril au maximum et tapisser une plaque à griller de papier aluminium.

Embrocher les cubes de bœuf; placer les brochettes sur le papier aluminium. Arroser le bœuf avec la moitié de la marinade du bol et le faire griller 3 à 4 minutes. Tourner les brochettes, arroser du reste de la marinade et les faire griller 3 à 4 minutes de plus pour cuire complètement.

Transférer les brochettes dans une assiette et les arroser des jus de cuisson. Laisser tiédir avant de servir. Pour les tout-petits, retirer les cubes des brochettes avant de servir. Les restes se conservent au réfrigérateur, couverts, jusqu'à 2 jours.

Préparation: 5 minutes, et 15 minutes pour faire mariner
Temps de cuisson: 8 minutes
Donne 4 brochettes ou 2 portions
Ne doivent pas être congelées. Peuvent être réchauffées au micro-ondes 1 minute (retirer d'abord le bœuf des brochettes).

2 c. à soupe de vinaigre balsamique
1 ½ c. à soupe de cassonade
1 c. à soupe d'eau
150 g (5 oz) de filets ou de surlonge de bœuf en cubes de 1 cm (½ po)
Quatre brochettes de bois ayant trempé dans de l'eau pendant au moins 20 minutes

Truc
Ne laissez pas le bœuf mariner trop longtemps – l'acidité du vinaigre décomposera les protéines de viande rapidement et rendra le bœuf spongieux.

Mini-tartelettes au bacon et aux œufs

Préparation: 25 minutes
Temps de cuisson:
15 à 17 minutes
Donne 12 mini-tartelettes
Les tartelettes cuites peuvent être congelées; les laisser décongeler au réfrigérateur pendant la nuit. Elles peuvent être réchauffées au micro-ondes environ 10 secondes, ou 10 minutes dans un four préchauffé à 180 °C/350 °F/gaz 4/ chaleur tournante 160 °C.

200 g (7 oz) d'une abaisse de pâte
    brisée du commerce
50 g (2 oz) de pancetta tranchée
    mince
1 c. à soupe d'huile d'olive
5 c. à soupe de lait
1 c. à soupe de crème
    (ou 6 c. à soupe de lait)
1 œuf, plus 1 jaune
Poivre, au goût

Les enfants adorent les plats qui renferment du bacon; ces mini-tartelettes sont excellentes servies chaudes et accompagnées d'une salade, ou froides pour le sac-repas ou un pique-nique. Je préfère la pancetta au bacon habituel parce qu'il est très mince et parfait pour les toutes petites tartelettes.

Rouler la pâte jusqu'à l'obtention d'une abaisse de 2 mm (1/16 de po) d'épaisseur; découper des cercles à l'aide d'un emporte-pièce de 6 cm (2 1/4 po) de diamètre. Recueillir les retailles de pâte et les abaisser à nouveau. Continuer de découper des cercles pour obtenir 12 ronds de pâte et les enfoncer délicatement dans les cavités d'un moule à mini-muffins. Réfrigérer 15 minutes.

Préchauffer le four à 200 °C/400 °F/gaz 6/chaleur tournante 180 °C. Couper la pancetta en petits morceaux et les faire revenir dans de l'huile pendant 5 à 6 minutes, jusqu'à ce qu'ils soient croustillants. Égoutter sur du papier absorbant et répartir dans les cavités garnies de pâte. Fouetter le lait, la crème ou le lait supplémentaire, l'œuf et le jaune d'œuf; poivrer légèrement (ne pas saler; la pancetta est assez salée). Verser le mélange aux œufs dans les cavités du moule, presque jusqu'au bord.

Faire cuire les tartelettes 15 à 17 minutes, jusqu'à ce que le mélange aux œufs soit gonflé et le pourtour de la croûte, doré. Retirer du four et laisser reposer les tartelettes pendant 5 à 10 minutes avant de les retirer du moule (glisser la pointe d'un couteau affûté autour des tartelettes pour les dégager). Servir chaudes ou les réfrigérer aussitôt qu'elles sont tièdes. Les restes peuvent être conservés au réfrigérateur pendant 2 jours.

Roulés à la saucisse de bœuf

Les roulés à la saucisse sont un excellent choix pour un pique-nique ou comme croque-en-doigts pour les fêtes compte tenu de leur «emballage» de pâte. Pour changer, j'aime utiliser du bœuf, bien que le porc fasse très bien l'affaire.

Faire chauffer l'huile dans une petite poêle et faire revenir l'oignon pendant 5 minutes, jusqu'à ce qu'il soit tendre. Incorporer le thym; réserver. Mettre le pain dans le robot culinaire et le réduire en miettes. Ajouter l'oignon, le bœuf, le chutney, le parmesan, du sel et du poivre; passer une fois de plus au robot.

Préchauffer le four à 200 ºC/400 ºF/gaz 6/chaleur tournante 180 ºC. Rouler deux abaisses rectangulaires de 12 cm x 18 cm (5 po x 7 po) et d'environ 2 mm (1/16 de po) d'épaisseur. Diviser le mélange à la viande en deux et façonner deux saucisses de 18 cm (7 po) de long chacune. Déposer chacune au centre de chaque abaisse et badigeonner le pourtour de la pâte avec de l'œuf battu. Ramener les bords de l'abaisse au centre pour emprisonner la viande. À l'aide d'un couteau bien affûté, couper chaque roulé en quatre (essuyer le couteau entre chaque coupe) et déposer les roulés sur une tôle à biscuits, le joint vers le bas. Badigeonner d'œuf battu et faire deux petites entailles sur le dessus de chaque roulé.

Faire cuire au four pendant 16 à 18 minutes, jusqu'à ce que la croûte soit bien dorée. Utiliser une pelle à poisson ou une palette pour transférer les roulés sur une grille pour les laisser tiédir. Ils sont meilleurs servis chauds, mais peuvent aussi être servis froids.

🍳 Préparation: 20 minutes
🕐 Temps de cuisson: 23 minutes
🍽 Donne 8 roulés à la saucisse
❄ Les roulés se conservent au réfrigérateur pendant 2 jours. Ils peuvent être réchauffés à 100 ºC/215 ºF/gaz 1/4/chaleur tournante 80 ºC pendant 8 à 10 minutes. Ils peuvent être conservés au congélateur, non cuits, pendant 1 mois. Décongeler pendant la nuit au réfrigérateur et faire cuire selon les directives ci-contre.

1/2 c. à soupe d'huile d'olive
1/2 petit oignon rouge haché
1/4 de c. à thé (à café) de feuilles de thym frais
1 tranche de pain sans croûte
110 g (4 oz) de bœuf haché
1 1/2 c. à soupe de chutney aux tomates
2 c. à soupe de parmesan râpé
225 g (1/2 lb) d'une abaisse de pâte brisée du commerce
1 œuf, battu avec une pincée de sel
Sel et de poivre, au goût

Boulettes d'agneau à la menthe

🥘 Préparation: 20 minutes
🕐 Temps de cuisson:
8 à 10 minutes
🍥 Donne 8 boulettes
❄ Les restes se conservent jusqu'à 2 jours au réfrigérateur. Les boulettes se réchauffent bien (sans les brochettes). Réchauffer au micro-ondes 20 à 30 secondes, ou 15 minutes dans du papier aluminium dans un four à 180 °C/350 °F/gaz 4/chaleur tournante 160 °C, jusqu'à ce que ce soit bien chaud. Ne pas congeler.

1 petit oignon rouge haché
1 c. à soupe d'huile d'olive
1 gousse d'ail broyée
½ c. à thé (à café) de cumin moulu
225 g (½ lb) d'agneau haché
20 g (¾ d'oz) de chapelure préparée à partir d'une tranche de pain sans croûte
2 c. à thé (à café) de menthe fraîche hachée
1 c. à thé (à café) de miel clair
1 jaune d'œuf
Sel et poivre, au goût
Huit brochettes de bois ayant trempé dans de l'eau tiède pendant 30 minutes

Et pour rendre ces boulettes encore plus attrayantes, je les appelle parfois des «sucettes» à l'agneau. Or, elles sont aussi délicieuses servies dans des pitas ou dans des roulés (retirées de la brochette), ou encore pour préparer des hamburgers à l'agneau légèrement plus grands. Essayez-les accompagnées de la Vinaigrette au yogourt à la menthe (voir p. 38).

Faire revenir l'oignon dans l'huile 5 à 6 minutes jusqu'à ce qu'il soit tendre. Ajouter l'ail et le cumin et continuer la cuisson 1 minute de plus; transférer dans un bol. Ajouter le reste des ingrédients, saler et poivrer au goût, et bien mélanger. Pour obtenir une texture plus lisse, passer le tout au robot culinaire.

Diviser le mélange en huit portions et en faire des boulettes. Embrocher chaque boulette individuellement et former une saucisse à l'aide des mains. Réfrigérer les boulettes pendant 1 à 2 heures, si possible.

Préchauffer le gril à température maximale. Faire griller pendant 8 à 10 minutes, en les retournant à mi-cuisson, jusqu'à ce qu'elles soient entièrement cuites. Laisser tiédir avant de servir; les retirer des brochettes pour les plus jeunes.

Vivement les collations!

Lorsque les enfants rentrent de la garderie, de la crèche ou de l'école, ils sont habituellement affamés. Offrez-leur une variété de collations santé pour éviter les croustilles ou les biscuits au chocolat. La présentation y est parfois pour beaucoup. Des fruits entiers dans un bol passent souvent inaperçus. Or, si vous les coupez en morceaux et les disposez dans une assiette ou les enfilez sur une paille, vous les rendrez plus attrayants.

Pâte à pain de base, et trois façons de l'utiliser

Dissoudre la levure et le sucre dans un petit bol avec 4 c. à soupe d'eau. Laisser reposer 5 minutes; de la mousse devrait apparaître.

Mélanger la farine et le sel dans un grand bol. Ajouter le liquide à la levure, l'huile et le reste de l'eau. Mélanger pour obtenir une pâte molle, en ajoutant 1 à 2 c. à thé (à café) d'eau au besoin.

Renverser la pâte sur une surface légèrement farinée et la pétrir environ 10 minutes, jusqu'à ce qu'elle soit lisse et élastique. Mettre dans un grand bol aux parois légèrement huilées; couvrir d'un linge humide propre. Laisser lever dans un endroit tiède 45 minutes à 1 heure, ou jusqu'à ce qu'elle ait gonflé et doublé. Renverser la pâte sur une surface légèrement farinée et pétrir 1 minute. S'en servir dans l'une des trois recettes qui suivent.

🍲 Préparation: 20 minutes, et le temps pour faire lever la pâte

1 sachet de 7 g (¼ d'oz) de levure rapide
1 c. à thé (à café) de sucre
150 ml (⅝ de tasse) d'eau chaude (tolérable au toucher)
225 g (2 ¼ tasses) de farine blanche de boulangerie, ou moitié blanche et moitié de blé complet
¼ de c. à thé (à café) de sel (omettre pour les enfants de moins d'un an)
1 c. à soupe d'huile d'olive

Gressins fromagés

Préchauffer le four à 150 °C/300 °F/gaz 2/chaleur tournante 130 °C. Diviser également la pâte en 20 morceaux et les couvrir d'un linge humide. Façonner les morceaux de pâte en forme de saucisse, les rouler pour obtenir des bâtonnets d'environ 18 cm (7 po) de longueur et de la taille d'un petit doigt. Déposer sur une tôle à biscuits huilée, couvrir d'une pellicule plastique en laissant environ 2,5 cm (1 po) d'espace entre chaque gressin. Les badigeonner d'œuf battu et les saupoudrer de fromage. Faire cuire pendant 18 à 20 minutes pour des gressins tendres, ou 30 à 35 minutes pour des gressins croustillants. Laisser tiédir sur une grille. Les gressins tendres se conserveront pendant 1 jour dans un contenant hermétique, les croustillants, pendant 5 jours.

🍲 Préparation: 45 minutes, et le temps pour faire lever la pâte
🕐 Faire cuire pendant 18 à 35 minutes
🍩 Donne 20 gressins
☺ Conviennent aux enfants de moins d'un an
❄ Peuvent être congelés lorsqu'ils sont cuits.

1 recette de Pâte à pain de base
Huile d'olive pour graisser
1 œuf battu
6 c. à soupe de parmesan râpé

Pains à hamburger miniatures

👐 Préparation: 30 minutes, et le temps pour faire lever la pâte
🕐 Temps de cuisson:
12 à 14 minutes
🌀 Donne 12 pains
❄ Peuvent être congelés une fois cuits. Les faire décongeler à la température ambiante pendant 1 heure et les réchauffer dans un four préchauffé à 100 °C/225 °F/gaz 1/4/chaleur tournante 90 °C.

1 recette de Pâte à pain de base
Huile d'olive, pour graisser
1 œuf, battu
1 c. à thé (à café) de graines de sésame

Préchauffer le four à 200 °C/400 °F/gaz 6/chaleur tournante 180 °C. Façonner la pâte en 12 boules; déposer sur une tôle à biscuits huilée; couvrir d'un linge humide et laisser doubler 10 à 15 minutes.

Badigeonner le dessus avec un peu d'œuf battu et parsemer de graines de sésame. Faire cuire 12 à 14 minutes, jusqu'à ce que les pains soient dorés et que leur base semble vide lorsqu'ils sont frappés. Laisser tiédir sur une grille.

La pâte peut être congelée après avoir été façonnée en boules. Les congeler sur des tôles à biscuits tapissées d'une pellicule plastique. Lorsqu'elles sont fermes, les transférer dans des sacs. Pour les décongeler, mettre sur des tôles à biscuits légèrement huilées, couvrir de pellicule plastique et laisser dans un endroit chaud 2 à 3 heures, jusqu'à ce qu'ils aient doublé de taille. Badigeonner d'œuf battu, parsemer de graines de sésame et faire cuire.

Mini-pizzas

👐 Préparation: 30 minutes, et le temps pour faire lever la pâte
🕐 Temps de cuisson:
10 à 12 minutes
🌀 Donne 6 mini-pizzas
❄ Ne pas réchauffer.

1 recette de Pâte à pain de base
Huile d'olive pour graisser
1 c. à soupe de sauce tomate par pizza
30 g (1 oz) de mozzarella râpée par pizza
Garnitures au choix (p. ex. jambon, champignons, pepperoni, poivrons)

Préchauffer le four à 200 °C/400 °F/gaz 6/chaleur tournante 180 °C.

Diviser la pâte en six portions. Rouler chacune en un cercle de 12 cm (5 po) de diamètre; transférer sur une tôle à biscuits légèrement huilée. Répartir la sauce tomate, le fromage et les garnitures. Faire cuire au four 10 à 12 minutes jusqu'à ce que le fromage soit fondu et la base croustillante.

Après avoir été divisée, la pâte crue peut être congelée sur des tôles à biscuits tapissées de pellicule plastique. Une fois ferme, la transférer dans des sacs. La faire décongeler sur des tôles à biscuits, couvertes de pellicule plastique 1 ½ à 2 heures à la température ambiante, abaisser les fonds de pizza et poursuivre tel qu'indiqué.

Salade de pâtes méli-mélo avec mayo douce

Mettez les pâtes dans l'assiette de votre bambin et offrez-lui un choix d'ingrédients dans de petits bols à ajouter lui-même. La mayonnaise douce peut servir de vinaigrette, mais je la sers souvent comme trempette dans un bol à part, sinon elle rend les pâtes un peu glissantes pour les petits doigts.

Faire cuire les nouilles selon les directives du paquet. Égoutter et bien rincer sous l'eau froide; laisser égoutter pendant 5 minutes. Mélanger la mayonnaise, l'eau et le jus de citron; saler et poivrer au goût. *(suite à la page suivante)*

🥣 Préparation: 10 à 15 minutes
🕐 Temps de cuisson: 12 minutes
🍳 Donne 1 portion (quantité facile à doubler)
☺ Convient aux enfants de moins d'un an

30 g (1 oz) de grosses pâtes, comme des boucles (farfalle), des spirales (fusili) ou des tire-bouchons (cavatappi)
2 c. à soupe de mayonnaise
2 c. à thé (à café) d'eau
¼ de c. à thé (à café) de jus de citron
Sel et poivre au goût

Compléments de protéines
1 grande tranche de jambon en lanières
30 g (1 oz) de tranches minces de rôti de bœuf en lanières
30 g (1 oz) de cheddar en allumettes
30 g (1 oz) de mozzarella en dés
30 g (1 oz) de poitrine de poulet cuite, en fines lanières
3 ou 4 Doigts de poulet au parmesan cuits (voir p. 72)
Lanières d'omelette
(suite à la page suivante)

Compléments pour la salade

3 tomates cerises en quartiers

1/4 d'un petit poivron rouge, jaune ou orange en allumettes

2,5 cm (1 po) de concombre, pelé, épépiné, en demi-lunes minces

2 à 3 c. à soupe de maïs en conserve

1/4 de pomme, pelée, cœur retiré et en tranches minces

1 recette de Brochettes de légumes grillés (voir p. 36), les légumes retirés des brochettes, ou 45 g (1 1/2 oz) de légumes grillés au choix

1/2 carotte moyenne en allumettes

Une petite poignée de bouquets de brocoli blanchis

30 g (1 oz) de haricots verts blanchis en tronçons

4 olives dénoyautées en quartiers

Une poignée de germes de haricots

Une petite poignée de chou rouge en lanières

Truc

Couper les légumes en allumettes encourage les bébés à mordre et à mâcher, mais surveillez-les bien lorsqu'ils mangent.

Mettez les pâtes dans l'assiette de votre enfant et offrez-lui un ou deux compléments de protéines et deux ou trois compléments de salade (selon son appétit) à partir de la liste suivante, dans des bols séparés. Lorsqu'il a fini de réunir tous les ingrédients choisis, ajoutez la vinaigrette ou offrez-la-lui comme trempette. La vinaigrette qui reste et les ingrédients de la salade se conserveront pendant 1 ou 2 jours au réfrigérateur, dans un plat hermétique.

Lanières d'omelette

Fouetter 1 œuf avec 1 c. à soupe de lait et du sel et du poivre, au goût. Faire fondre une noisette de beurre dans une poêle de 20 cm (8 po); y ajouter l'œuf battu. Bien couvrir le fond de la poêle en la faisant tourner pour réaliser une omelette mince; laisser prendre environ 3 minutes, glisser sur une assiette et couper en lanières.

Barquettes de laitue

Les petites feuilles de laitue sont idéales pour accueillir de délicieuses garnitures. Faciles à prendre avec les doigts, elles sont une solution de rechange intéressante aux sandwichs et aux roulés.

Cocktail de crevettes

La garniture de crevettes est aussi délicieuse dans des roulés, accompagnée d'une poignée de laitue iceberg ou de romaine.

Dans un bol, mélanger la mayonnaise, le ketchup, la sauce chili sucrée (si utilisée) et le jus de citron; saler et poivrer. Ajouter les crevettes et remuer pour les enduire de marinade. Répartir le cocktail de crevettes dans les quatre feuilles de laitue. Enfiler une tranche de citron sur chacun des bâtonnets à cocktail et en fixer un dans chaque barquette pour imiter une voile.

Poulet et mangue

Vous pouvez remplacer les feuilles de menthe par ¼ de c. à thé (à café) de coriandre fraîche hachée, si vous désirez.

Mélanger le yogourt, l'eau, la pâte de cari et le miel dans un bol; saler et poivrer au goût. Ajouter le poulet et la mangue et remuer pour les enduire de marinade. Garnir les feuilles de laitue de ce mélange et parsemer des feuilles de menthe hachée (si utilisée).

Chaque variante de barquette de laitue
🥗 Préparation: 5 minutes
🍪 Donne 4 barquettes ou 2 portions

Pour le cocktail de crevettes
110 g (¼ de lb) de petites crevettes décortiquées cuites
4 feuilles de laitue romaine
4 fines tranches de citron
4 bâtonnets à cocktail

Pour la sauce cocktail
2 c. à soupe de mayonnaise
2 c. à thé (à café) de ketchup
½ c. à thé (à café) de sauce chili sucrée (facultatif)
¼ de c. à thé (à café) de jus de citron
Sel et poivre, au goût

Poulet et mangue
2 c. à soupe de yogourt grec
½ c. à thé (à café) d'eau
¼ de c. à thé (à café) de pâte de cari korma (ou au goût)
¼ de c. à thé (à café) de miel clair
50 g (2 oz) de poulet cuit en dés
45 g (1½ oz) de chair de mangue mûre en dés
4 feuilles de jeune laitue romaine
2 petites feuilles de menthe fraîche, hachées (facultatif)
Sel et poivre, au goût

Panini au prosciutto et au taleggio

🍲 Préparation: 5 minutes
🕐 Temps de cuisson: 6 minutes
🍽 Donne 1 portion
❄ Ne peut être congelé ni réchauffé

1 pain à hot-dog, fendu sur
   la longueur
1 tranche de prosciutto ou de
   jambon de Parme
45 g (1½ oz) de taleggio, croûte
   orangée retirée, tranché mince
Huile d'olive, pour graisser

Les pains à hot-dogs sont de la bonne taille pour faire des mini-paninis, et le délicieux et crémeux fromage taleggio de cette garniture (que j'ai dégusté pour la première fois sur le flanc d'une montagne en Italie) fond merveilleusement bien. Vous pouvez le remplacer par du fontina ou de la mozzarella.

Préchauffer une poêle à fond cannelé, une poêle à fond épais ou un four à panini. Étaler le prosciutto sur la base du pain à hot-dog en le pliant pour qu'il ne dépasse pas. Mettre le fromage sur le prosciutto et poser l'autre moitié du pain sur le fromage en appuyant fermement.

Graisser la poêle avec un peu d'huile d'olive et y mettre le pain, la partie supérieure vers le bas, dans la poêle chaude. Appuyer fermement à l'aide d'une pelle à poisson et faire cuire pendant 2 minutes, jusqu'à ce que le dessus du pain soit croustillant et doré. Tourner soigneusement et faire cuire l'autre côté pendant 2 à 3 minutes de plus, jusqu'à ce que la base soit croustillante et que le fromage ait fondu.

Mettre le panini dans une assiette et le laisser tiédir légèrement. Couper en deux ou en quartiers; servir.

Fondants au thon sur muffin

🥣 Préparation: 5 minutes
🕐 Temps de cuisson: 5 minutes
🍲 Donne 2 à 4 portions (recette facile à réduire de moitié)
❄️ Ne peuvent être congelés ni réchauffés

170 g (5 ½ oz) de thon en conserve égoutté
1 oignon vert haché
2 c. à soupe de yogourt grec
2 c. à soupe de ketchup
¼ de c. à thé (à café) de jus de citron
2 gouttes de sauce Worcestershire (facultatif)
2 muffins anglais coupés en deux
40 g (1 ½ oz) de cheddar râpé
Sel et poivre au goût

S'il vous reste de la garniture au thon, notez qu'elle se garde au réfrigérateur, couverte, pendant 2 à 3 jours, et fait d'excellents sandwichs ou quésadillas. Pour les quésadillas, étendre la moitié de la garniture au thon sur une tortilla de blé, parsemer de la moitié du fromage et poser la deuxième tortilla sur le fromage, faire frire sans gras ou griller pendant environ 2 minutes de chaque côté, jusqu'à ce qu'il soit croustillant.

Préchauffer le gril à température maximale.

Mettre le thon et l'oignon vert dans un bol et y incorporer le yogourt, le ketchup, le jus de citron et la sauce Worcestershire (si utilisée). Saler et poivrer, au goût.

Griller légèrement le muffin; empiler la garniture au thon sur le côté coupé. Parsemer de fromage et faire griller pendant 1 à 2 minutes, jusqu'à ce que le fromage ait fondu. Laisser tiédir et couper en deux ou en quatre.

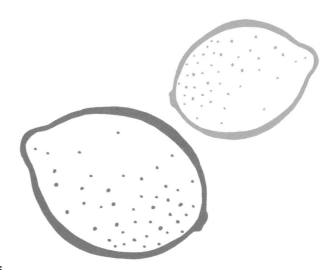

«Sucettes» de salade

Pour les enfants plus jeunes, remplacer les bâtonnets à cocktail par des pailles pour assujettir la salade.

Fromage et ananas
Pour une présentation amusante pour une fête, enfiler les bâtonnets à cocktail dans la pelure d'une moitié de pamplemousse pour donner l'aspect d'un hérisson.

Enfiler un cube de fromage et un cube d'ananas sur chaque bâtonnet à cocktail. Couronner d'une moitié de tomate cerise, si utilisée.

Tomate et mozzarella
Si vous préparez cette recette pour le sac-repas, il est préférable de retirer les graines des moitiés de tomates pour éviter que les «sucettes» deviennent molles, sinon utilisez des tomates cerises entières.

Saler et poivrer la mozzarella, au goût. Enfiler la moitié d'une tomate cerise sur un bâtonnet à cocktail, suivie d'un morceau de mozzarella et ensuite d'une autre moitié de tomate. Terminer avec une feuille de basilic (si utilisée). Ces «sucettes» sont excellentes servies avec la Trempette au balsamique (voir p. 126).

Des variantes de chacune des «sucettes»
🥣 Préparation: 10 minutes
🍽 Donne 8 «sucettes» ou 2 portions

Fromage et ananas
50 g (2 oz) de cheddar doux en 12 cubes d'environ 1,5 cm (1/2 po) chacun
6 cubes d'ananas en conserve égouttés coupés en deux
6 tomates cerises coupées en deux (facultatif)
Douze bâtonnets à cocktail

Tomate et mozzarella
4 petites boules de mozzarella (bocconcini) coupées en deux, ou 50 g (2 oz) de mozzarella fraîche en 8 cubes d'environ 1 cm (1/2 po) chacun
8 tomates cerises coupées en deux
8 petites feuilles de basilic frais (facultatif)
Sel et poivre au goût
Trempette au balsamique (voir page suivante), pour servir (facultatif)
Huit bâtonnets à cocktail

Prosciutto et melon
¼ de melon miel, de melon Galia, ou de cantaloup, sans graines et sans écorce
4 tranches de prosciutto ou de jambon de Parme (ou 4 tranches très minces de jambon)
Poivre, au goût
Trempette au balsamique (voir ci-dessous) pour servir (facultatif)

Huit bâtonnets à cocktail

Trempette au balsamique
🍵 Préparation: 5 minutes
🍪 Donne 2 portions

1 c. à soupe d'huile d'olive
1 c. à thé (à café) de vinaigre balsamique
½ c. à thé (à café) de miel (ou au goût)
Sel et poivre au goût

Prosciutto et melon

Couper huit cubes d'environ 1,5 cm (½ po) du melon. Couper le prosciutto en deux sur la longueur et ramener le bord des longs côtés un peu vers le centre pour faire de chaque tranche une belle lanière. Enrober un cube de melon d'une lanière de prosciutto et enfiler sur un bâtonnet à cocktail. Répéter avec le reste du prosciutto et du melon. Poivrer, au goût. Ces «sucettes» sont excellentes servies avec la Trempette au balsamique.

Trempette au balsamique

Fouetter tous les ingrédients ensemble; saler et poivrer, au goût. Servir dans des petits bols.

Quésadilla au jambon et fromage

La popularité des sandwichs au jambon et fromage ne se dément pas. Les tortillas minces utilisées dans cette recette permettent de créer des sandwichs minces et croustillants qui plairont à tous, peu importe l'âge.

Préchauffer une poêle à fond épais (inutile de graisser) ou faire chauffer le gril à température maximale.

Couper la tortilla en deux. Parsemer une moitié de la tortilla avec la moitié du fromage et mettre le jambon sur le dessus. Parsemer du reste du fromage et poser la deuxième moitié de la tortilla sur le fromage.

Appuyer légèrement sur la moitié de la tortilla et faire cuire dans la poêle 1 ½ à 2 minutes, jusqu'à ce que la base soit dorée et croustillante. Retourner la tortilla à l'aide d'une spatule et faire cuire 1 ½ à 2 minutes de plus, jusqu'à ce que le fromage soit fondu. Si vous préférez, vous pouvez faire griller la quésadilla 1 ½ à 2 minutes de chaque côté.

Transférer sur une assiette et laisser tiédir un peu avant de la couper en triangles ou en bâtonnets.

Préparation: 5 minutes
Temps de cuisson: 5 minutes
Donne 1 portion (quantité facile à doubler)
Ne peut être congelée ni réchauffée

1 tortilla de blé tendre
30 g (1 oz) de cheddar râpé
1 à 2 tranches minces de jambon

Fajitas au poulet à la salsa douce

🍲 Préparation: 20 minutes
🕐 Temps de cuisson: 7 minutes
🍚 Donne 2 portions
❄ Ne doivent pas être congelées

2 c. à thé (à café) de ketchup
1 c. à thé (à café) de vinaigre balsamique
1 c. à thé (à café) d'eau
1/2 c. à thé (à café) de cassonade
Une pincée d'origan séché
2 gouttes de sauce Worcestershire (facultatif)
1 c. à thé (à café) d'huile de tournesol
1 poitrine de poulet désossée sans peau en languettes
1 oignon rouge moyen tranché
1/4 de petit poivron rouge tranché
1/4 de petit poivron jaune tranché
2 tortillas de blé
2 c. à soupe de salsa douce (voir ci-dessous)
4 c. à thé (à café) de crème sure (aigre)
1 c. à soupe de guacamole (facultatif)

Pour la salsa douce

1 grosse tomate pelée, épépinée et en dés
1 oignon vert tranché
2 c. à thé (à café) de coriandre hachée (ou au goût)
1 c. à thé (à café) de jus de lime frais
Sel et poivre au goût

Si votre enfant n'apprécie pas les poivrons, remplacez-les simplement par plus de poulet. Le reste de garniture se conserve au réfrigérateur, couvert, jusqu'à 2 jours. Faire réchauffer 1 minute au micro-ondes, ou 10 minutes, au four, emballés dans du papier aluminium à 200 °C/400 °F/ gaz 6/chaleur tournante 180 °C jusqu'à ce qu'ils soient très chauds.

Mélanger tous les ingrédients de la salsa dans un petit bol; saler et poivrer. Couvrir et réfrigérer jusqu'au moment requis. Se garde jusqu'à 2 jours au réfrigérateur. Une salsa du commerce peut aussi être utilisée.

Pour préparer la garniture des fajitas, mélanger le ketchup, le vinaigre balsamique, l'eau, la cassonade, l'origan et le tabasco (si utilisé), dans un petit bol; réserver.

Faire chauffer l'huile dans un wok ou une grande poêle, et y faire sauter le poulet 2 minutes. Ajouter les légumes et les faire sauter 3 à 4 minutes de plus, jusqu'à ce que le poulet soit complètement cuit et que les légumes soient un peu tendres. Ajouter le mélange au ketchup et faire cuire, en remuant, 1 minute de plus. Retirer du feu.

Faire chauffer les tortillas 10 à 15 secondes au micro-ondes ou 1 minute, de chaque côté, dans une poêle. Répartir à l'aide d'une cuiller la garniture le long du centre de la tortilla et couronner de salsa, de crème sure (aigre) et de guacamole (si utilisée). Rouler et servir immédiatement.

Gâteries divines

Les meilleurs croque-en-doigts sucrés sont évidemment les fruits frais, enfilés sur une brochette, ou en quartiers. Si votre enfant ne raffole pas des fruits frais, vous pouvez toujours les réduire en purée et congeler celle-ci dans des moules à sucettes glacées. Je suis d'avis, cependant, que les enfants doivent pouvoir avoir des gâteries de temps à autre. Donc, aux muffins à la courgette, à l'orange et aux épices, et biscuits aux raisins, j'ai ajouté des recettes de brownies et de mini-tartelettes à la confiture. Après tout, on est enfant qu'une seule fois dans notre vie!

Barres de céréales à l'abricot et au chocolat blanc

🍲 Préparation: 10 minutes
🕐 Temps de cuisson: 2 minutes
🍥 Donne 16 barres

150 g (5 oz) de flocons d'avoine
50 g (2 oz) de riz soufflé
50 g (2 oz) d'abricots séchés
   hachés
50 g (2 oz) de pacanes hachées
   (facultatif)
100 g (½ tasse) de beurre
85 g (3 oz) de sirop de mélasse
   claire de canne
75 g (2 ½ oz) de chocolat blanc
   en morceaux
Une pincée de sel

Ces barres moelleuses sont délicieuses. Les enfants aiment les faire car elles se préparent en un tournemain.

Dans un bol mélangeur, combiner les flocons d'avoine, le riz soufflé, les abricots et les pacanes. Mettre le beurre, la mélasse claire de canne, le chocolat blanc et une pincée de sel dans une grande casserole; faire chauffer à feu doux, en remuant de temps à autre, jusqu'à ce que tous les ingrédients soient bien amalgamés. En remuant, incorporer le mélange de flocons d'avoine et le riz soufflé au mélange de chocolat fondu jusqu'à ce que tous les ingrédients secs soient bien enrobés.
   Répartir ce mélange dans un moule peu profond de 28 cm x 18 cm (11 po x 7 po) tapissé de papier parchemin antiadhésif, en le tassant à l'aide d'un pilon. Réfrigérer pour solidifier et couper en barres.

Muffins à la carotte, noix de coco et ananas

Le mariage carottes et ananas permet de réaliser de délicieux muffins moelleux. Compte tenu de leur teneur élevée en fruits, ces muffins se conservent mieux au congélateur.

Préchauffer le four à 180 °C/350 °F/gaz 4/chaleur tournante 160 °C. Tapisser deux moules à mini-muffins de caissettes en papier (ou huit cavités d'un moule à muffins ordinaire).

Dans un bol, mélanger la ou les farines, la poudre levante, le bicarbonate de soude, la cannelle et le sel. Dans un autre bol, mélanger le beurre fondu, la vanille, l'œuf, la carotte râpée, l'ananas et son jus, la noix de coco et la cassonade. Incorporer les ingrédients humides aux ingrédients secs, ainsi que les raisins secs.

À l'aide d'une cuiller, mettre la pâte à muffins dans les caissettes en papier (les remplir aux trois quarts) et faire cuire pendant 12 à 14 minutes (mini-muffins), ou 20 minutes (muffins plus gros), jusqu'à ce qu'ils soient gonflés et fermes au toucher. Laisser tiédir sur une grille.

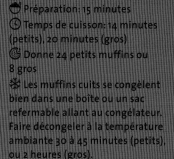

🍮 Préparation: 15 minutes

🕐 Temps de cuisson: 14 minutes (petits), 20 minutes (gros)

🍥 Donne 24 petits muffins ou 8 gros

❄ Les muffins cuits se congèlent bien dans une boîte ou un sac refermable allant au congélateur. Faire décongeler à la température ambiante 30 à 45 minutes (petits), ou 2 heures (gros).

150 g (1 ⅛ tasse) de farine complète ou 75 g (½ tasse) de farine complète et 75 g (¾ de tasse) de farine

1 c. à thé (à café) de poudre levante

½ c. à thé (à café) de bicarbonate de soude

½ c. à thé (à café) de cannelle

¼ de c. à thé (à café) de sel

6 c. à soupe de beurre fondu

1 c. à thé (à café) de vanille

1 œuf

1 carotte moyenne pelée et râpée

60 g (2 ¼ oz) d'ananas broyé en conserve égoutté

1 c. à soupe de jus d'ananas (de la boîte)

30 g (1 oz) de noix de coco déshydratée

100 g (½ tasse) de cassonade

50 g (2 oz) de raisins secs (hachés pour les plus petits enfants)

Cupcakes au yogourt à l'orange et au citron

🍲 Préparation: 15 minutes
🕐 Temps de cuisson: 20 minutes
🍪 Donne environ 18 cupcakes
☺ Conviennent aux enfants de moins d'un an
❄ Les gâteaux sans glaçage se congèlent bien dans une boîte ou un sac refermable allant au congélateur.

50 g (¼ de tasse) de beurre
100 g (1 tasse) de sucre semoule
1 œuf à la température ambiante
Le zeste d'un demi petit citron
Le zeste de ½ lime
½ c. à thé (à café) de zeste d'orange
125 g (4 ½ oz) de farine auto-levante
50 g (2 oz) de yogourt nature (pas faible en gras)

Pour le glaçage
225 g (1 ½ tasse) de sucre à glacer
1 c. à soupe de jus d'orange
1 c. à soupe de jus de lime

Le yogourt et les fruits citrins font de ce dessert une petite gâterie moelleuse à la saveur délicieusement rafraîchissante. Ils sont parfaits pour les fêtes d'anniversaire.

Préchauffer le four à 180 °C/350 °F/gaz 4/chaleur tournante 160 °C. Tapisser un moule à mini-muffins de caissettes en papier. Battre ensemble le beurre et le sucre jusqu'à l'obtention d'une crème pâle et légère. Ajouter graduellement l'œuf, en fouettant bien. Incorporer les zestes, en remuant. Tamiser la farine et bien l'incorporer en pliant. Incorporer le yogourt. Répartir le mélange dans les mini-caissettes et faire cuire 18 à 20 minutes jusqu'à ce que les muffins soient gonflés, légèrement dorés et fermes au toucher. Laisser tiédir dans le moule 5 minutes avant de les transférer sur une grille pour les laisser refroidir complètement. Entre-temps, préparer le glaçage en tamisant le sucre glace dans un bol. Faire un puits au centre du sucre et incorporer les jus et bien fouetter. À l'aide d'une cuiller, couronner chacun des cupcakes de glaçage et le laisser prendre pendant 30 minutes. Se conservent au réfrigérateur dans un contenant hermétique pendant 5 jours.

Biscuits au gingembre

Les enfants sont très friands des biscuits au gingembre. Et ces petits délices font bien l'affaire. Tremper la cuiller dans de l'eau avant de ramasser la pâte vous permettra de former de beaux petits biscuits tout ronds. Ceux-ci sont vraiment succulents et tellement faciles à réaliser.

Préchauffer le four à 150 °C/300 °F/gaz 2/chaleur tournante 130 °C. Battre ensemble le beurre, la cassonade, le jaune d'œuf et la mélasse dans un grand bol jusqu'à l'obtention d'une crème légère jaune pâle. Tamiser les ingrédients secs au-dessus du bol et mélanger pour obtenir une pâte molle.

Tremper une cuiller à thé (à café) ronde dans un verre d'eau et prélever une cuillerée légèrement comble de pâte, la mettre sur une tôle à biscuits tapissée de papier parchemin antiadhésif. Poursuivre ainsi avec le reste de la pâte, en laissant 5 à 6 cm (environ 2 po) entre chacun des biscuits (ils prendront du volume). Les faire cuire quelques-uns à la fois, si nécessaire.

Faire cuire les biscuits pendant 14 à 16 minutes, jusqu'à ce que leur pourtour soit doré. Retirer du four et laisser tiédir pendant 5 minutes. Ensuite, à l'aide d'une palette ou d'une pelle à poisson, transférer les biscuits sur une grille. Les biscuits deviendront encore plus croustillants en refroidissant. Les conserver dans un contenant hermétique.

Préparation: 20 minutes
Temps de cuisson: 16 minutes
Donne environ 28 biscuits au gingembre
Les biscuits cuits et refroidis peuvent être congelés pendant 1 mois.

50 g (¼ de tasse) de beurre, ramolli
100 g (½ tasse) de cassonade
1 jaune d'œuf
2 c. à soupe de mélasse claire de canne
100 g (1 tasse) de farine
2 c. à thé (à café) de gingembre moulu
¼ de c. à thé (à café) de bicarbonate de soude
Une pincée de sel (facultatif)

Truc
Pour des biscuits plus moelleux, écourter le temps de cuisson de 2 à 3 minutes.

Muffins à la courgette, orange et épices

Préparation : 15 minutes
Temps de cuisson : 14 minutes (petits), 25 minutes (gros)
Donne 24 petits muffins ou 12 gros
Conviennent aux enfants de moins d'un an
Peuvent être congelés. Laissez les muffins décongeler à la température ambiante pendant 1 heure.

140 g (1 1/8 tasse) de farine complète
1/2 c. à thé (à café) de poudre levante
1/2 c. à thé (à café) de bicarbonate de soude
3/4 de c. à thé (à café) d'épices mélangées
Une pincée de sel
Le jus et le zeste finement râpé d'une orange moyenne
45 g (1/4 de tasse) de beurre fondu
1 œuf
70 g (1/3 de tasse) de cassonade
1 petite courgette hachée
50 g (2 oz) de raisins secs hachés (entiers pour les enfants plus vieux)

Je préfère hacher les raisins secs pour les mini-muffins, ce qui les rend plus faciles à manger pour les tout-petits, mais vous pouvez les laisser entiers si vous préparez de gros muffins.

Préchauffer le four à 180 °C/350 °F/gaz 4/chaleur tournante 160 °C. Tapisser deux moules à mini-muffins de caissettes en papier (ou 12 cavités d'un moule à muffins ordinaire).

Dans un grand bol, mélanger la farine, la poudre levante, le bicarbonate de soude, les épices mélangées et une pincée de sel (omettre pour les enfants de moins d'un an); réserver.

Mesurer le jus d'orange – il en faut 100 ml (3 ½ oz). S'il en manque, utiliser du lait ou du jus du commerce. Bien fouetter ensemble le jus, le zeste, le beurre, l'œuf et la cassonade. Incorporer en remuant le mélange de farine, suivi de la courgette râpée et des raisins secs. À l'aide d'une cuiller, remplir les caissettes à muffins (presque jusqu'au bord) et faire cuire pendant 12 à 14 minutes (augmenter le temps de cuisson à 22 à 25 minutes pour les gros muffins), jusqu'à ce qu'ils soient fermes au toucher. Laisser tiédir sur une grille. Se conservent au réfrigérateur dans un contenant hermétique pendant 3 jours.

Brioches à la cannelle

Ces brioches sont parfaites pour le petit-déjeuner ou comme collation.

Bien battre ensemble le beurre, la cassonade et la cannelle. Faire une abaisse de pâte d'un rectangle d'environ 35 cm x 18 cm (14 po x 7 po), et la transférer sur une planche ou une surface de travail légèrement farinée. Tartiner la surface de beurre à la cannelle, en arrêtant à 1 cm (½ po) du bord de l'un des côtés longs. Rouler la pâte pour former un long cylindre, en commençant par le côté long avec le beurre à la cannelle et en appuyant légèrement pour sceller le rouleau.

   Préchauffer le four à 180 °C/350 °F/gaz 4/chaleur tournante 160 °C. Couper le cylindre en 12 tranches à l'aide d'un couteau affûté légèrement fariné. Disposer les tranches le côté coupé vers le haut, sur une tôle à biscuits légèrement huilée, quatre brioches de large par trois de haut, distancés de 1 cm (½ cm) et les joints vers l'intérieur. Couvrir d'un linge humide propre et laisser gonfler et doubler de volume, environ 15 à 20 minutes.

   Badigeonner le dessus et les côtés des brioches avec un peu d'œuf battu et faire cuire 18 à 20 minutes, jusqu'à ce qu'elles soient dorées et que leur fond sonne creux en les frappant doucement. Laisser tiédir sur la tôle à biscuits.

   Mettre le sucre à glacer dans un petit bol et ajouter l'eau, quelques gouttes à la fois, pour obtenir un glaçage épais mais pouvant être versé. Verser en filet sur les brioches avant de les séparer en portions individuelles. Les brioches sont exquises lorsqu'elles sont servies chaudes; peuvent être conservées pendant une journée dans un contenant hermétique. Les réchauffer dans un four préchauffé à 100 °C/210 °F/ gaz ¼ /chaleur tournante 80 °C pendant 5 minutes.

Préparation: 35 minutes, et le temps pour faire lever la pâte
Temps de cuisson: 20 minutes
Donne 12 petites brioches
La pâte à brioche ou les brioches (sans glaçage) peuvent être congelées. Les réchauffer selon la méthode suggérée ci-contre. 25 g (1 oz).

1 ½ c. à soupe de beurre, ramolli
1 ½ c. à soupe de cassonade
½ c. à thé (à café) de cannelle moulue
1 recette de Pâte à pain de base (voir p. 115), en remplaçant l'huile d'olive par 1 c. à soupe de beurre fondu
1 œuf, battu

Pour le glaçage
4 c. à soupe de sucre à glacer
Environ 1 c. à thé (à café) d'eau

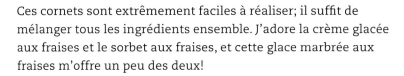

Cornets au yogourt aux fraises marbré

🍽 Préparation: 15 minutes, et le temps pour baratter et congeler
🍪 Donne 6 à 8 portions
☺ Conviennent aux enfants de moins d'un an

225 g (½ lb) de fraises, équeutées et coupées en deux
½ c. à thé (à café) de jus de citron
50 g (½ tasse) de sucre semoule
400 g (14 oz) de yogourt nature
150 g (5 oz) de confiture aux fraises
200 ml (7 oz) de cornets à crème glacée, pour servir

Ces cornets sont extrêmement faciles à réaliser; il suffit de mélanger tous les ingrédients ensemble. J'adore la crème glacée aux fraises et le sorbet aux fraises, et cette glace marbrée aux fraises m'offre un peu des deux!

Mettre les fraises, le jus de citron et la moitié du sucre dans le mélangeur et réduire en purée. Goûter à la purée et ajouter plus de sucre, si nécessaire. La purée peut être passée au tamis pour retirer les graines. Il devrait y avoir environ 200 ml (7 oz) de purée.

Mettre le yogourt dans un grand bol et y incorporer la confiture et la moitié de la purée. Dans un autre bol, fouetter la crème jusqu'à la formation de pics mous; incorporer cette crème dans le mélange au yogourt. Verser dans une sorbetière et baratter selon les directives du fabricant.

Transférer la crème glacée congelée dans un contenant refermable. Déposer le reste de la purée aux fraises sur la crème glacée et passer un couteau ou une brochette de métal à travers la crème glacée pour créer un effet marbré. Couvrir et conserver au congélateur pendant 1 mois.

À l'aide d'une cuiller à crème glacée, mettre des boules de glace dans des cornets. Si elle est trop dure pour former des boules, la laisser ramollir légèrement à la température ambiante pendant 5 à 10 minutes.

Bouchées brownies

Préchauffer le four à 180 °C/350 °F/gaz 4/chaleur tournante 160 °C. Tapisser les parois d'un moule à brownies de 28 cm x 20 cm (14 po x 8 po) de papier parchemin antiadhésif.

Mettre le chocolat, le beurre et le sucre dans un bol à l'épreuve de la chaleur, et faire fondre au-dessus d'une casserole d'eau chaude. Ou, faire fondre au micro-ondes 15 secondes à la fois, en remuant après chaque séquence. Mettre de côté et laisser tiédir.

Fouetter ensemble les œufs et la vanille jusqu'à ce qu'ils soient tout juste mélangés. Incorporer au chocolat tiédi avant de tamiser la farine, la poudre de cacao, la poudre levante et le sel au-dessus du bol; mélanger. Verser la pâte dans le moule préparé et faire cuire pendant 25 à 30 minutes, jusqu'à ce qu'une brochette insérée au centre en ressorte propre; éviter de trop faire cuire. Retirer du four et laisser tiédir dans le moule.

Lorsque le brownie est froid, préparer le glaçage. Mettre le chocolat, le beurre et la crème dans un bol à l'épreuve de la chaleur et faire fondre à feu doux (tel qu'indiqué ci-dessus). Remuer jusqu'à l'obtention d'une crème lisse; étendre sur le dessus du brownie. Mettre le chocolat blanc dans un autre bol et faire fondre. Remplir à la cuiller le coin d'un sac de plastique de ce mélange et couper le bout du coin. Faire couler en filet le chocolat blanc sur le dessus du brownie. Laisser refroidir dans un endroit frais (mais pas au réfrigérateur) jusqu'à ce que la garniture soit entièrement prise.

Soulever le brownie du moule en se servant du papier parchemin. Le déposer sur une planche à découper et tailler 16 rectangles ou 20 carrés. Se conserve au frais dans un contenant hermétique pendant 5 jours.

Préparation: 30 minutes
Temps de cuisson: 30 minutes, et le temps pour tiédir
Donne 16 barres ou 20 carrés
Le brownie se congèle bien: le retirer froid (sans glaçage) du moule et l'emballer (entier) dans deux épaisseurs de pellicule plastique puis une feuille de papier aluminium. Laisser décongeler à la température ambiante 2 à 3 heures.

200 g (7 oz) de chocolat haché
225 g (1 1/8 tasse) de beurre froid
250 g (2 1/2 tasses) de sucre semoule
3 œufs
1 c. à thé (à café) de vanille
110 g (1 tasse) de farine
2 c. à soupe de poudre de cacao
1 c. à thé (à café) de poudre levante
1/4 de c. à thé (à café) de sel

Pour la garniture
100 g (3 1/2 oz) de chocolat haché
1 c. à soupe de beurre
2 c. à soupe de double-crème ou de crème à fouetter
50 g (2 oz) de chocolat blanc haché

Truc
Pour fêter un anniversaire, si vous ne voulez pas préparer un gros gâteau, vous pouvez empiler quelques carrés et planter une bougie dans celui du dessus.

Barres de céréales aux dattes et au miel

🍶 Préparation : 35 minutes
🕐 Temps de cuisson : 20 minutes
🍥 Donne 16 barres
❄ Peuvent être congelées :
emballer chaque barre dans une
pellicule plastique ou congeler
dans un contenant ou un sac
refermable. Laisser décongeler
à la température ambiante.

190 ml (³/₄ de tasse) de dattes
   dénoyautées hachées
1 bâtonnet et 2 c. à soupe de
   beurre
75 g (1/3 de tasse comble) de sucre
1 c. à soupe de miel
¹/₃ c. à thé de vanille
1 c. à soupe de graines de sésame
180 g (2 ¹/₂ tasses) de flocons
   d'avoine à cuisson rapide
Une pincée de sel
125 ml (¹/₂ tasse) de raisins de
   Smyrne
4 c. à soupe de brisures de
   chocolat mi-sucré

Cette délicieuse collation est une excellente source d'énergie durable pour votre enfant.

Préchauffer le four à 180 °C/350 °F/gaz 4/chaleur tournante 160 °C et tapisser de papier parchemin un moule carré de 20,5 cm (8 po). Mettre les dattes dans un bol et les couvrir d'eau bouillante; les laisser ramollir pendant 5 minutes.

Égoutter les dattes et les essorer pour en extraire l'excédent d'eau. Mettre le beurre, le sucre, le miel et les dattes dans une casserole. Faire chauffer à feu doux, en remuant, jusqu'à ce que le beurre soit fondu et les dattes en bouillie; retirer du feu. (Pour obtenir une consistance plus lisse, les dattes peuvent être réduites en purée au robot ou au mélangeur à main.) Incorporer les autres ingrédients, sauf les brisures de chocolat. Laisser le mélange tiédir un peu avant de les ajouter pour éviter qu'elles fondent.

Bien étaler le mélange dans le moule en le pressant pour obtenir une couche égale. Faire cuire 20 minutes; laisser tiédir 10 minutes avant de découper en 16 carrés. Laisser les carrés refroidir complètement avant de les retirer du moule. Les conserver dans un contenant hermétique.

Biscuits à l'avoine et aux raisins

Ces biscuits sont délicieux en plus de renfermer une bonne quantité de grains entiers, ce qui aide à garder un niveau élevé d'énergie.

Préchauffer le four à 180 °C/350 °F/gaz 4/chaleur tournante 160 °C. Battre ensemble le beurre, la cassonade et la vanille. Ajouter tous les ingrédients secs et mélanger. Façonner des boules d'une cuillerée à soupe et disposer sur deux tôles à biscuits tapissées de papier parchemin antiadhésif.
   Faire cuire environ 12 minutes ou jusqu'à ce qu'ils soient dorés. Laisser les biscuits se solidifier légèrement avant de les soulever pour les mettre sur une grille à refroidir.

⏱ Préparation: 20 minutes
🕐 Temps de cuisson: 12 minutes
🍪 Donne 10 biscuits
❄ Peuvent être congelés

50 g (¼ de tasse) de beurre
50 g (¼ de tasse) de cassonade
½ c. à thé (à café) de vanille
30 g (¼ de tasse) de farine complète
30 g (3/8 de tasse) de flocons d'avoine
¼ de c. à thé (à café) de cannelle moulue ou d'épices mélangées
¼ de c. à thé (à café) de sel
Une pincée de bicarbonate de soude
30 g (1 oz) de raisins secs

Trempette au fromage cottage

Une trempette délicieuse, parfaite pour les gros morceaux de fruits. Ajoutez une spirale de purée de fruits pour donner une touche de couleur.

Mélanger le fromage, le lait et le miel jusqu'à l'obtention d'une crème lisse. Couvrir et réfrigérer jusqu'au moment de servir (se conserve au réfrigérateur pendant 3 à 4 jours).
   Pour servir, remplir de trempette de petits contenants, couronner d'une cuillerée à thé (à café) de purée de fruits et passer un bâtonnet à cocktail pour marbrer. Servir accompagnée de morceaux des fruits préférés de votre enfant pour tremper.

⏱ Préparation: 5 minutes
🍪 Donne 4 à 6 portions
❄ Ne doit pas être congelée

200 g (7 oz) de fromage cottage entier
2 c. à soupe de lait
1 c. à thé (à café) de miel clair
4 à 6 c. à thé (à café) de compote ou de confiture pour servir
Morceaux de fruits (p. ex. tranches de pomme, moitiés de fraises, morceaux d'ananas), pour servir

Chaussons aux pommes

🍲 Préparation: 30 minutes, et le temps pour tiédir

🕐 Temps de cuisson: 15 minutes

🍥 Donne 6 chaussons

❄ Se congèlent bien: mettre les chaussons crus sur une tôle à biscuits tapissée d'une pellicule plastique. Couvrir d'une autre pellicule plastique et congeler pendant 3 à 4 heures, et les transférer dans un sac à congélation. Faire cuire directement du congélateur dans un four préchauffé à 180 °C/350 °F/gaz 4/ chaleur tournante 160 °C sur une tôle à biscuits bien graissée. Badigeonner avec du beurre fondu, faire cuire 20 minutes, augmenter la température du four à 200 °C/400 °F/ gaz 6/chaleur tournante 180 °C et poursuivre la cuisson 5 à 8 minutes de plus, jusqu'à ce que la pâte soit dorée. Ne se réchauffe pas.

2 grosses pommes pelées, le cœur retiré

2 c. à soupe de cassonade

1/4 de c. à thé (à café) de cannelle

50 g 1/4 de tasse) de beurre fondu

6 grandes feuilles de pâte phyllo

1 c. à thé (à café) de sucre à glacer pour servir

Truc

Les pommes râpées sont plus faciles à manger pour les petits enfants.

La pâte habituellement riche des chaussons est ici remplacée par une pâte phyllo légère et croustillante. Cette dernière peut se dessécher rapidement; bien couvrir les feuilles d'un linge humide.

Râper les pommes dans un bol allant au micro-ondes, ajouter la cassonade et la cannelle; bien mélanger. Couvrir d'une pellicule plastique, y percer un trou et faire cuire au micro-ondes 3 à 4 minutes, jusqu'à ce que les pommes soient tout juste tendres ou les faire mijoter dans une petite casserole 4 à 5 minutes. Enlever la pellicule plastique et laisser tiédir environ 30 minutes.

Préchauffer le four à 200 °C/400 °F/gaz 6/chaleur tournante 180 °C. Graisser une tôle à biscuits avec un peu de beurre fondu.

Étendre une feuille de phyllo sur la surface de travail et la badigeonner généreusement de beurre fondu. Plier la feuille (d'une extrémité étroite à l'autre) et badigeonner à nouveau la surface avec du beurre. Déposer 1 c. à soupe comble de la garniture aux pommes à l'une des extrémités étroites et l'étendre un peu jusqu'à 2 cm (¾ de po) du bord, de chaque côté. Ramener les deux côtés longs vers le centre (en couvrant partiellement la garniture dans la partie inférieure), et badigeonner les marges pliées de beurre. Rouler à partir de l'extrémité avec la garniture pour former un cylindre. Mettre le chausson, le joint vers le bas, sur la tôle à biscuits préparée et couvrir d'un linge légèrement humide, ou de papier absorbant. Répéter avec le reste des ingrédients.

Badigeonner le dessus et les côtés avec du beurre et faire cuire au four 10 à 15 minutes. Laisser tiédir environ 30 minutes avant de saupoudrer de sucre à glacer. La garniture peut parfois être chaude; couper en deux pour servir.

Mini-tartelettes à la confiture

Ces tartelettes de confiture lustrées comme de petits bijoux sont délicieuses comme collation ou comme dessert. Vous pouvez vous procurer d'excellentes confitures sans sucre du commerce.

Préchauffer le four à 180 °C/350 °F/gaz 4/chaleur tournante 160 °C. Étendre la pâte sur une surface plane et, à l'aide d'un emporte-pièce de 5 cm (2 po), découper 24 cercles de pâte. Enfoncer délicatement les cercles dans les cavités d'un moule à mini-muffins.

  Déposer 1 c. à thé (à café) de confiture au centre de chacun des fonds de pâtisserie; faire cuire les tartelettes 18 à 20 minutes, jusqu'à ce que la pâte soit dorée. Les laisser tiédir dans le moule 5 minutes avant de les transférer sur une grille pour les laisser refroidir davantage. Si elles sont consommées chaudes, bien vérifier la température de la confiture au préalable, car elle peut devenir très chaude. Ranger les tartelettes refroidies dans un contenant hermétique pendant 2 à 3 jours.

Préparation: 15 minutes
Temps de cuisson: 20 minutes
Donne 24 tartelettes
Peuvent être congelées: mettre les tartelettes sur une seule rangée dans une boîte refermable, et congeler. Laisser décongeler pendant 1 à 2 heures. Réchauffer 10 minutes dans un four préchauffé à 110 °C /225 °F/ gaz 1/4/chaleur tournante 90 °C.

375 g (3/4 de lb) d'une abaisse de pâte brisée
Environ 150 g (5 oz) de confiture

Cupcakes aux carottes

🍲 Préparation: 15 minutes
🕐 Temps de cuisson: 22 minutes
🍥 Donne 16 cupcakes
☺ Conviennent aux enfants de moins d'un an
❄ Les gâteaux se conservent au congélateur (cuits, sans glaçage) pendant 1 mois. Laisser décongeler à température ambiante pendant 2 à 3 heures.

170 g (1 3/4 tasse) de farine auto-levante
1/2 c. à thé (à café) de bicarbonate de soude
1 c. à thé (à café) d'épices mélangées
Une pincée de sel
170 g (7/8 de tasse) de beurre à la température ambiante
170 g (7/8 de tasse) de cassonade
3 œufs, battus
1/2 c. à thé (à café) de vanille
2 c. à soupe de crème sure (aigre) ou de yogourt grec
140 g (5 oz) de carotte râpée
110 g (4 oz) de raisins secs

Pour le glaçage
140 g (1 1/2 tasse) de sucre à glacer
4 c. à soupe de sirop d'érable
3/4 de c. à thé (à café) d'eau
30 g (1 oz) de pacanes, hachées (facultatif), pour décorer

Les cupcakes permettent aux bambins d'avoir leur petit gâteau «personnel» plutôt qu'une tranche d'un gros gâteau aux carottes. Vous pouvez aussi réaliser cette recette dans des moules en couronne déposés sur une tôle à biscuits afin que chacun ait l'air d'un mini-gâteau aux carottes avec une spirale de glaçage sur le dessus.

Préchauffer le four à 190 °C /375 °F /gaz 5/chaleur tournante 170 °C. Tapisser deux moules à muffins de 16 mini-caissettes en papier.

Tamiser la farine, le bicarbonate de soude, les épices mélangées et le sel; réserver. Mettre le beurre et la cassonade dans un bol et fouetter pour obtenir une crème légère. Ajouter les œufs, la vanille, la crème sure (aigre) ou le yogourt grec et les ingrédients secs; battre jusqu'à ce que tous les ingrédients soient tout juste mélangés. Incorporer la carotte râpée et les raisins secs.

Remplir aux trois quarts les moules à muffins préparés (une cuiller à crème glacée est très utile pour cela). Faire cuire 18 à 22 minutes, jusqu'à ce qu'un bâtonnet à cocktail inséré au centre des gâteaux en ressorte propre. Les laisser tiédir dans le moule pendant 5 minutes avant de les transférer sur une grille pour les laisser refroidir complètement.

Pour le glaçage, mettre le sucre à glacer dans un bol et y incorporer le sirop d'érable en remuant. Ajouter l'eau, quelques gouttes à la fois, pour réaliser un glaçage qui formera une couche épaisse sur le dos d'une cuiller. Glacer les gâteaux et les parsemer de pacanes (si utilisées).

Les gâteaux glacés se conservent dans un contenant hermétique pendant 3 à 4 jours.

Sucettes glacées

Les sucettes glacées aux fruits sont d'excellents croque-en-doigts. Je recommande d'ailleurs souvent aux parents dont les enfants refusent de manger des fruits de leur offrir ces sucettes; ils n'y voient que du feu! La teneur élevée en fruits de ces sucettes les rend un peu molles, comme un sorbet sur un bâton. Pour les bébés dont les dents poussent, il est préférable d'ajouter 100 ml (3 ½ oz) d'eau au jus d'orange, ce qui rendra les sucettes plus glacées et encore meilleures pour les gencives endolories. La recette donnera 600 ml (2 ½ tasses) de liquide avec l'eau ajoutée.

Sucettes glacées aux pomme, poire et abricots

🍲 Préparation: 10 minutes, et le temps pour tiédir et congeler
🕐 Temps de cuisson: 15 minutes
🌀 Donne environ 500 ml (2 tasses)

1 pomme moyenne pelée, cœur retiré et hachée
1 poire moyenne pelée, cœur retiré et hachée
110 g (4 oz) d'abricots séchés hachés
120 ml (½ tasse) d'eau
2 c. à soupe de sucre
100 ml (3 ½ oz) de jus d'orange frais

Mettre les morceaux de pomme, de poire et d'abricots et l'eau dans une casserole de taille moyenne. Ajouter la moitié du sucre et faire chauffer à feu moyen. Porter à ébullition, couvrir et laisser cuire environ 15 minutes, jusqu'à ce que les fruits soient tendres. Remuer à l'occasion et ajouter un tout petit peu d'eau si les fruits semblent secs.

Mettre les fruits cuits dans le mélangeur et laisser tiédir. Ajouter le jus d'orange et réduire en une purée lisse. Goûter à la purée: elle devrait être assez sucrée (et le sera beaucoup moins une fois congelée); ajouter le reste du sucre, au besoin.

Laisser tiédir à la température ambiante avant de verser dans des moules à sucettes; congeler jusqu'au lendemain. Les sucettes sont meilleures consommées à l'intérieur d'un mois. La purée est également délicieuse servie dans du yogourt nature.

Sucettes glacées aux fruits des champs et pommes

Les petits fruits et les pommes se marient très bien dans une croustade, et se mélangent tout aussi bien dans ces sucettes glacées.

Peler, retirer le cœur des pommes et les couper en dés; les mettre dans une casserole avec les petits fruits et l'eau. Faire chauffer à feu doux jusqu'à ce que les petits fruits rendent du jus. Porter à ébullition et laisser mijoter 5 à 7 minutes, jusqu'à ce que les pommes soient tendres.

Retirer du feu et incorporer le sucre en remuant jusqu'à ce qu'il soit entièrement dissous. Goûter aux fruits et ajouter un peu plus de sucre s'ils sont trop acidulés (selon leur maturité). Réduire les fruits en purée et passer à travers un tamis pour enlever les graines. Laisser tiédir et verser dans des moules à sucettes; congeler jusqu'au lendemain.

🍲 Préparation: 5 minutes, et le temps pour tiédir et congeler
🕐 Temps de cuisson:
5 à 7 minutes
🥣 Donne environ 400 ml (1 3/4 tasse)
☺ Conviennent aux enfants de moins d'un an

2 pommes moyennes
450 g (1 lb) d'un mélange de fruits des champs (p. ex. fraises, mûres, framboises, groseilles) frais ou surgelés
2 c. à soupe d'eau
75 g (3/8 de tasse) de sucre

Sucettes glacées à la mangue, à l'ananas et à l'orange

Ces sucettes faites à partir d'une mangue un peu trop mûre font entrer le soleil tropical dans la maison pendant les mois d'hiver.

Mettre tous les ingrédients dans le mélangeur et réduire en purée. Si la mangue n'est pas très mûre, ajouter 1 c. à soupe de sucre de plus. Verser dans des moules à sucettes; congeler jusqu'au lendemain.

🍲 Préparation: 5 minutes, et le temps de congélation
🥣 Donne environ 250 ml (1 tasse)
☺ Conviennent aux enfants de moins d'un an

1 petite mangue très mûre pelée, dénoyautée et coupée en dés
225 g (8 oz) d'ananas broyé (ou en cubes) en conserve bien égoutté
3 c. à soupe de jus d'orange frais
50 g (1/4 de tasse) de sucre

Brochettes «feux de circulation» avec trempette au caramel

🖐 Préparation: 10 minutes
🕒 Donne 8 brochettes
ou 4 portions
❄ Ne doivent pas être congelées

¼ de melon Galia ou un autre
melon vert, graines retirées
½ grosse mangue pelée, ou
environ 140 g (5 oz) d'une
mangue prête à être utilisée
8 fraises moyennes, équeutées

**Pour la trempette au caramel
crémeux**
4 c. à soupe de dulce de leche
4 c. à thé (à café) de double-crème
ou de crème à fouetter
Huit brochettes en plastique ou
en bois

Le rouge, le jaune et le vert de ces fruits font une jolie présentation qui plaira aux enfants. Vous pouvez cependant utiliser n'importe quelle combinaison de fruits que votre enfant apprécie.

Enlever l'écorce du melon et couper la chair en huit cubes d'environ 2,5 cm (1 po) chacun. Couper la mangue en huit petits cubes de taille semblable. Enfiler un cube de melon sur chaque brochette, suivi d'un cube de mangue et d'une fraise.
  Mélanger le dulce de leche et la crème pour la trempette; en remplir, à la cuiller, de petits bols. Servir comme accompagnement aux brochettes de fruits.

Variante Trempette au yogourt citronné
Cette autre délicieuse trempette est facile à préparer. Mélanger 6 c. à soupe de yogourt grec et 2 c. à thé (à café) de lait, 2 c. à thé (à café) de sucre à glacer et 2 c. à soupe de tartinade au citron.

Index

Annabel Karmel est une spécialiste mondiale de l'alimentation des bébés et des enfants. Elle est passée maître dans l'art de concocter des repas à la fois délicieux et nutritifs pour les enfants, sans que les parents soient obligés de passer tout leur temps à la cuisine.

Mère de trois enfants, Annabel est devenue une auteure incontournable en matière de livres de recettes. Elle compte à son actif 18 ouvrages disponibles à travers le monde dont *Le grand livre de bébé gourmand*, *Superaliments pour les bébés et les enfants* et *Fêtes de princesses et de fées gourmandes*.

Depuis plusieurs années, elle se consacre à améliorer les habitudes alimentaires des enfants; ses menus se trouvent dans une multitude de lieux publics en Europe. Son site Web, **www.annabelkarmel.com**, compte plus de 80 000 membres, tandis que sa chaîne de télévision en ligne, www.annabelkarmel.tv propose aux parents des recettes et un guide de préparation de repas sains et nutritifs pour les bébés et les enfants. Annabel écrit régulièrement pour des journaux et des magazines ainsi que des émissions de radio et de télévision en Grande-Bretagne. En juin 2006, Annabel a été reçue Membre de l'Ordre de l'Empire britannique pour son apport exceptionnel dans le domaine de la nutrition de l'enfant.

Remerciements

À mes enfants Nicholas, Lara et Scarlett qui ont oublié comment utiliser un couteau et une fourchette. Caroline Brewster, Marina Magpoc et Letty Catada, pour les moments de grands plaisirs dans la cuisine à m'aider à tester les recettes du présent ouvrage. Seiko Hatfield, pour le stylisme exceptionnel; Dave King pour ses photos magiques; Jo Harris pour les accessoires; Tripp Trapp pour les chaises hautes; ma mère, Evelyn Etkind, pour l'appui constant qu'elle me témoigne; tout le monde chez Ebury, y compris Carey Smith, Fiona MacIntyre, Judith Hannam, Sarah Bennie et Helen Armitage; Mary Jones, sui s'occupe de mes relations publiques; toutes les personnes chez Smith and Gilmour pour avoir assuré la conception d'un si beau livre et tous les magnifiques mannequins Alfie et Max Beer, Bibi Boundy, Sam Cooke, George Gates, Lily Smith et Somer Tong.